日本、中国、朝鮮古代史の謎を解く

関 裕二
Seki Yuji

PHP新書

はじめに

世界でもっとも長く栄えた文明は、中国文明である。何度も衰退したが、不死鳥のように蘇《よみがえ》る不思議な文明なのだ。世界一の文明を築き上げた中国は、滅亡と勃興《ぼっこう》をくり返しながら、今また、世界を驚かせるほど、力を持ち始めた。

古代日本は長い間、中国文明の風下にあり、常にそのおこぼれに預かってきた……と、そう信じられている。大陸や半島から押し寄せた渡来人《とらいじん》が文明を日本列島にもたらしたという。渡来人が日本を支配していたのではないかとさえ、考えられてきたのだ。特に、戦後の史学界は「皇国史観《こうこくしかん》への反動」という潮流を作り出し、日本の歴史を否定的に捉えることこそ進歩的という発想を抱《いだ》いたから、日本の歴史を卑下し続けてきた。どう足掻《あが》いても、中国の文明にはかなわないと、信じ込んできたのである。

よくテレビの歴史番組で、世界の古代文明が話題に上った時、

「これ、日本じゃまだ弥生《やよい》時代ですよね」

と、コメンテーターが大仰《おおぎょう》に驚いてみせることがままある。日本は、未発達な国だったと、多くの人が信じている。しかしこれは、大きな誤解だったと思う。日本列島人は、文明や

進歩に懐疑的で、「中国のようにはなりたくない」「文明は狂気だ」と、本気で思っていた節《ふし》がある。急激な進歩を嫌っていたようなのだ。

たとえばヤマト建国(三世紀後半から四世紀)にしても、考古学は意外な仮説を用意している。富や権力と無縁の人が、文明や強大な権力に抗《あらが》うために、奈良盆地に集まり、ヒョウタンから駒の形で国が誕生していた可能性が高まってきたというのだ。これまでには考えられなかった歴史観であり、たしかな物証(発掘品)が、この推理を後押ししている。たとえば、ヤマト建国直前の近畿地方南部(ヤマト周辺)は、鉄の過疎地帯だった。他地域から隔絶していたイメージなのだ。つまり、富を持たない場所に強い権力の発生を嫌った人びとが集まり、ヤマトは建国されたのだ。世界史レベルで見ても、不思議な事件だった(本文で再び詳しく触れる)。

その後日本(列島)人は、文明とうまく付き合い、取捨選択して、必要なものだけを手に入れ、日本風にアレンジしてきた。だから「文明とは距離を置きつつ、文明に対する免疫力」を備えることができた。進歩に対する懐疑の念を捨て去ることはなく、時に文化の揺り戻しを重ねながら、最低限の文明を受け入れていった。少しずつ、時間をかけて進歩し、そのたびに後戻りしてきたのだ。世界一の文明(中国)がすぐ隣にあった利点の一つが、ここにある。

ちなみに、同じモンゴロイド（黄色人種）であるネイティブアメリカンたちは、文明とは無縁の楽園で長い間安穏《あんのん》と暮らしていたが、文明の流入と共に一気に追い込まれ、衰退することとなった。すなわち、日本列島は、「文明との距離」という点で、絶妙な場所にあったのだ。

それにしても、なぜ日本人は文明と富をありがたく受け入れなかったのか、このへそ曲がりの発想はどこから来るのか。中国文明をそっくりそのまま受け入れなかったのはなぜだろう。

その答えは、すでに拙著『縄文文明と中国文明』（ＰＨＰ新書）の中で記しておいた。中国文明は殺戮《さつりく》をくり広げ、無慈悲な独裁者がのさばっていた。漢民族のＹ染色体は単純な構成で、それはなぜかと言えば、他民族を征服すると男性を皆殺しにしてしまうからだ。これは列島人にとって恐怖であり、反面教師にしていた気配がある。

もちろん、島国の日本は、海が巨大な天然の障害物となって侵略から守られていた。だから、中国は恐ろしかったが、独自の歩みを許されていたのだ。しかし、十八世紀半ばから十九世紀にかけて、西洋で産業革命が起き、それ以来、日本の安寧《あんねい》は脅かされることとなる。蒸気機関や内燃機関が発達し、自由に大海原を航海し、大空を飛び越えてくるようになった。そして射程距離の長い強力な火器（鉄砲や大砲）が出現した。島国だから安全とは言えなくなったのである。

さらに近年、中華人民共和国は富を蓄え技術力を高め、東アジアで領土的野心を強めている。日本列島は中国から見れば地政学的に「手に入れるべき土地」であり、「武力で占領したら自分のもの」が大陸の論理なのだから、日本も太平楽を並べている場合ではなくなったのである。

今、東アジアを覆う緊張は、中国文明の西洋文明に対する挑戦でもある。眠れる獅子は、目を覚ました。そして、文明の恐ろしさを、まざまざと見せつけ始めたのである。とめどもない欲望の発露《はつろ》に、世界は戦慄《せんりつ》した。ならば、われわれはどうすればよいのだろう。

古代にさかのぼって歴史を俯瞰《ふかん》すれば、日本がどのように恐怖の文明と付き合っていたのかがわかってくる。また、古代中国と朝鮮半島と日本の立場や文化の違いが、鮮明に浮き上がってくるはずだ。そして、大陸や朝鮮半島の微妙なパワーバランスが変化するたびに、日本の内政や外交戦略にも影響を与えたことに気づかされる。

長い間、ヤマト政権は大陸や朝鮮半島から距離を置こうと努めてきたが、それでも対岸の政情に強く影響を受けていたのである。ならば、日本、中国、朝鮮半島、それぞれの勢力には、どのような思惑が渦巻き、どのように行動していたのだろう。そして日本はどう生き残ってきたのか。「今の日本の道しるべ」を、古代史から探っていきたい。
少しでも間違った選択をすれば、国が滅びる危機が迫っている。われわれは今こそ東アジアの歴史を直視する必要がある。そして中国文明の恐ろしさに目覚めるべきだ。

関　裕二

日本、中国、朝鮮 古代史の謎を解く

目次

序　章　アジアは一つか？

第一章　中国文明の本質

第二章　日本の神話時代と古代外交

第三章　中国の影響力と朝鮮・日本の連動

第四章　日本は中国と対等に渡り合おうとしたのか

第五章　中国の正体と日本の宿命

編集協力――武藤郁子

序章

アジアは一つか?

岡倉覚三《おかくらかくぞう》(天心《てんしん》)と一つのアジア

古代日本と中国の関係や中国文明の本質を知るために、まず近代日本と東アジアで沸き起こった「アジア主義(大アジア主義)」から、語り始めなければならない。

明治時代、ヨーロッパ帝国主義がアジアを席巻《せっけん》しようとしていたその時、「アジアは一つである」と、岡倉覚三(天心)は言い放った。「孔子《こうし》の共同社会主義を持つ中国文明」と「ヴェーダの個人主義を持つインド文明」は、地政学的にはヒマラヤ山脈によって隔《へだ》てられているが、「究極普遍的なるものを求める愛の広いひろがり」を断《た》ち切ることはできなかったとする。この愛こそ、「アジア民族に共通の思想的遺伝」だと謳《うた》い上げた(『近代日本思想大系(7)岡倉天心集』梅原猛編/筑摩書房)。

その上でアジアの精神文明とヨーロッパの物質文明を対比させ、アジアの思想、科学、詩歌、芸術の「秘めた力」を信じ、アジアは「アジア的様式を擁護し、回復する」ことが大切だと訴えたのである。

岡倉覚三は『茶の本』(岩波文庫)の中で、語っている。

「一般の西洋人は、茶の湯を見て、東洋の珍奇、稚気をなしている千百の奇癖《きへき》のまたの例に過ぎないと思って、袖《そで》の下で笑っているであろう。西洋人は、日本が平和な文芸にふけっていた間は、野蛮国と見なしていたものである。しかるに満州《まんしゅう》の戦場に大々的殺戮《さつりく》を行ない始めてから文明国と呼んでいる。（中略）もしわれわれが文明国たるためには、血なまぐさい戦争の名誉によらなければならないとするならば、むしろいつまでも野蛮国に甘んじよう」

さらに、「日本の目覚め」の中で、次のように訴える。

「いったい戦争というものはいつなくなるのであろうか。（中略）侵略国には一片の良心もなく、弱小民族を迫害するためには騎士道もすて去られる。自衛の勇気と力のない者は奴隷になるほかはない。（中略）西欧がみせるこの奇怪なる組み合わせ――病院と魚雷、宣教師と帝国主義、膨大なる軍隊と平和の確保――これはいったい何を意味するのか。こんな自家撞着《じかどうちゃく》は古来の東洋文明にはなかった」（前掲書『岡倉天心集』）

岡倉覚三は、欧米列強《おうべいれっきょう》の帝国主義に反発している。柔和な顔をしながら一方で強力な戦力を前面に押し出して、世界中を植民地にしようとする膨張主義に対して、岡倉覚三は異を唱えたのである。

じつに勇気ある訴えである。ただし、すべてを受け入れることはできない。

たしかに、東アジアは欧米列強に圧倒され、劣勢に立たされ、手を結ばなければならない状況にあったのかもしれない。同じ黄色人種として、白人（あるいはクリスチャンや帝国主義）の脅威に立ち向かう必要があったのだろう。しかし、「アジアは同じ文化圏」という発想には、従いかねる。これから述べていくように、日本は中国文明から多くのものを学び続けてきた。だからといって、日本固有の文化はしっかり残っていたし、無意識のうちに、何度も文化の揺り戻しを起こしていた。中国文明の習俗を拒んでいた可能性は高い。両者の文化や思想は、決定的に異なっている。日本と中国は相容《あいい》れないのである。

アジアは一つではない。そしてお互いに、異なる文化圏で暮らしているという自覚がない限り、やがて争いが起こり、バラバラになる。

大アジア主義の台頭

アジアは一つという発想は、岡倉覚三ひとりのものではないし、当時の潮流と言っても過言ではなかったが、思わぬ副産物を生んでいく。それが、アジア主義であり、大アジア主義である。

幕末から明治にかけて、多くの日本人が、欧米列強の圧力に狼狽《うろた》え、反発した。そして、アジア主義が台頭していく。アジアの国々が近代化を推進し、欧米列強に対抗するべきで、それを日本が手助けしようというのだ。

さらに、明治初期に芽生えた、「大アジア主義」が明治二十年（一八八七）頃から台頭する。いち早く近代化に成功した日本が、アジアの諸民族と連帯するだけではなく「東洋の盟主」になり、軍備を拡充していくべきだ、と言う。それだけではない。この「大アジア主義」は、次第に大陸侵略政策の大義名分に利用されていくようになったのである。

さらに、中国では清朝《しんちょう》打倒を目指す革命運動が起きていて、「中日連合」を模索していたが、対等な連合を主張し、日本が中心に立ち、中国を吸収しようとする姿勢を非難するようになっていった。

明治維新《めいじいしん》は、黒船来航《くろふねらいこう》（一八五三）からあと、欧米列強の火器、武力の前に屈辱的な開港を受け入れ、その反動として、尊皇攘夷《そんのうじょうい》運動が始まり、新政府に移行すると、膨張主義へと突き進んだ。その延長線上に、大アジア主義がある。

日本はアジアでいち早く欧化して近代化を進めたが、国粋的な思想も出現するという、複雑な時代背景を背負っていたわけである。

それだけではない。大アジア主義は、数々の思想の中に組み込まれていく。アジアの国々は連帯するべきだという主張が、多くの支持を集めていくことになったわけである。

イギリスで興《おこ》った産業革命と近代化の運動は、ヨーロッパからアジアに伝播《でんぱ》してきた。それが帝国主義の形をとっていたがゆえに、アジア全体が身構えたのである。

たとえばインドのガンジーも、ヨーロッパの物質文明に対し、東洋の連帯を呼びかけた。大アジア主義的な発想を抱《いだ》き、精神文明の構築を求めていたのである。

ヨーロッパの産業革命と帝国主義の暴力的な侵略は、ほぼ全世界を覆い尽くし、最後の牙《きば》は、東アジアに向けられようとしていたのだ。

帝国主義や植民地支配は義務だった?

欧米列強が押し進めた帝国主義は、世界中の国々に苦痛を与えたが、欧米には大義名分があった。それが、キリスト教である。

イギリスで産業革命が起こり、蒸気機関が航海の飛躍的発展をもたらした。また、西洋文明は強力な火器(鉄砲や大砲)を手に入れ、あっという間に植民地を増やしていった。そして「野蛮で未開な多神教世界の哀れな人びとを、文明的な世界に引き上げる義務がキリスト教徒にはある」とうそぶいた。これが、帝国主義であり、世界の多くの民族と国々が、キリスト教世界に編入されていった。最後に行き着いた土地が、東アジアであった。

こうして欧米列強は中国（清）を巨大な市場と捉え、触手《しょくしゅ》を伸ばそうとし、また日本列島を足がかりに利用しようと目論《もくろ》んだのである。ところが、見下していた日本人が急速に近代化し、軍事力を整え、日清《にっしん》戦争（一八九四～一八九五）で、小国の日本が大きな清の軍勢に勝利したあたりから、欧米列強は脅威を感じ始めた。大衆化した欧米のメディアが、日本や中国が反抗してくるのではないかと報じ始めたのだ。これがいわゆる「黄禍論《こうかろん》」なのである。

欧米列強の帝国主義的拡張の大義名分の一つは人種の優劣や肌の色で、ヒエラルキーが形成される、というものだ。白人がトップに立ち、肌の色の濃い人種は下等とみなされた。だから白人は植民地を増やすことに躊躇はなかったし、旧植民地に対する謝罪はいまだにない。

一方で黄色人種の日本人が、植民地化を免《まぬが》れ、近代化し、軍備を拡張してしまい、欧米列強にとって脅威となったからこそ黄禍論が展開されたのだが、これは劣等な黄色人種が優秀であることを認めてしまうことにもつながった。だから、黄禍論者に「深刻なジレンマを突きつけることにもなった」（飯倉章『黄禍論と日本人』中公新書）のである。

日露《にちろ》戦争（一九〇四〜一九〇五）の日本海海戦（一九〇五年五月）で帝国海軍がロシアのバルチック艦隊を完膚《かんぷ》なきまでに叩きのめすと、ヨーロッパの人びとはショックを受けていたようだ。また、当時の欧米列強がもっとも恐れたシナリオは、日本と中国が手を組むことだった。「アジアが一つになること」こそ、悪夢だったのである。

復讐の正当性を得るために生じた一神教

ここで、「一神教」について、説明しておきたい。

一神教は多神教から発展し進歩した信仰と信じられていたし、往々にして、多神教世界の住民は、一神教世界に圧倒されがちだ。その理由はとても簡単なことだ。

多神教と一神教の違いは「神様の数がひとりか多数か」だけではない。唯一絶対の神を信奉し、正義を掲げ、他者を強力に排斥するのが、一神教の特徴だ。同じ神を信じない者は改宗させるか、あるいは徹底的に叩き潰《つぶ》そうとする。

多神教の発想は逆で、「共存」を重視する。ありとあらゆる文物に精霊や神は宿ると信じ、神は大自然そのものとみなす。神は災いをもたらす恐ろしい存在だが、神を敬い畏《おそ》れ、祀り上げれば、幸《さち》をもたらす神に変身すると考える。神は基本的に恐ろしい祟《たた》り神であり、大自然の猛威そのものが、神なのだ。神は、正義とは無縁の、自然の摂理でもある。そして、大自然の前に、人間は無力だという諦念《ていねん》が、多神教徒にはある。

一方一神教は、人間が大自然を改造し、支配できると考える。この宇宙はひとりの男神が創造したもので、人間はその神に似せて創《つく》られているという。また、神は宇宙の外にいる創造主だからこの世には存在せず、人間は神になりかわって、この世界を支配できると考えるのだ。

ちなみに、一神教は砂漠で生まれたが、ここに一神教の本質が隠されている。生命を受け付けない苛酷《かこく》な環境に暮らす人びとは「豊穣《ほうじょう》の大地を追われた人びと」であり、「政敵を恨《うら》み、呪《のろ》う人びと」だった。だから、復讐の正当性を求め、唯一絶対の正義を民族の神に戴《いただ》いた。

これが一神教の本質であり、事実『旧約聖書《きゅうやくせいしょ》』の神は、自ら復讐を宣言している。一神教は多神教から進歩したのではなく、復讐の正義を獲得するために編み出された信仰なのだ。だから、一神教徒は攻撃的で、独善に満ちている。植民地支配を反省せず、謝罪をしないのは、「信仰の裏付け」があるからなのである。

そして、世界の多くの地域が欧米列強の植民地に組み込まれ、東アジアにその牙が向けられたが、かろうじて独立を保ったのが日本だった。

ただし、明治政府は、富国強兵策《ふこくきょうへい》を採り、さらに、多神教の象徴的存在だった「天皇」を一神教の唯一絶対の神になぞらえ、脱亜入欧《だつあにゅうおう》のスローガンを掲げ、帝国主義の真似事《まねごと》を始めたのだった。ここに、近代日本の一つの過《あやま》ちがあった。

日露戦争と〝黄禍論〟

日清戦争に勝利した時、同じく東アジアに触手を伸ばしていたロシアは、日本の勝利を苦々しく思っていた。当時のロシアの新聞は、次のように論評している。

ロシアは黄色人種の文明など認めていないので、偶然の勝利によって勢いづいた野望の膨張を押し止めなければならない。わが国にとって、またヨーロッパのキリスト教諸国にとって、朝鮮に文明を導入しようなどという日本の野心はお笑い草でありナンセンスだ。日本での文明開化推進者の理性だとか人道的感覚というものは、いかに彼らがヨーロッパのお手本を完璧に学ぼうとも、文明化の道を朝鮮に本当に歩ませることができるなどとは考えられない。(中略)われわれは声を大にして朝鮮保護統治に対する自分の権利を主張しなければならない。そして、この権利と義務がロシアのものであるのはごく当然だ、ということを否定するような声は、ヨーロッパにおいてさえもおそらく見つからないだろう。つまり、どんなに開化された異教であっても、意識の高いキリスト教徒にとってそれはキリスト教文明の高みよりはるかに低いものであり、キリスト教文明と対等な地位を主張するなどもってのほかだ、ということだ。「これ［キリスト教］にて汝は勝つであろう」があくまでも世界の先頭に立つ旗印であるべきだ。（「ノーヴォエ・ヴレーミャ 一八九五年四月二一日」『国際ニュース事典 外国新聞に見る日本② 1874-1895 本編』国際ニュース事典出版委員会編／毎日コミュニケーションズ）

ロシアの新聞のやや過激に見える言説だが、当時の欧米列強のキリスト教徒の本音なのかもしれない。

明治三十五年（一九〇二）、イギリスは極東に進出するロシアの脅威に対抗すべく日本と同盟を結んだ。ロシア軍一〇万が満州に駐留し、イギリスは中国（清）の、日本は朝鮮半島の権益を守りたいがために、手を組んだ。これが日英同盟で、人種の違う国同士の同盟関係は、世界を驚かせた。

幕末から不平等条約に苦しめられてきた日本国民は、先進国との「対等な同盟」に拍手喝采した。

ちなみに、夏目漱石《なつめそうせき》は当時イギリスに留学中だった。事態を冷静に受けとめていて、「国際上の事は道義よりも利益を主に致しをり候《そうら》へば」(国際情勢は道義よりも「利」によって動いている)と手紙に書いている(『漱石文明論集』夏目漱石　三好行雄編/岩波書店)。

このあと、日露戦争が勃発し、ロシアは日本との戦いを異教徒との聖戦と位置づけ、ヨーロッパのキリスト教徒に向かって、「極東に十字軍を派遣しよう」と呼びかけた。これに乗る国はなかったが、それでも日本海海戦の帝国海軍の大々的な勝利に驚愕し、また西洋人の作った武器で異教徒の黄色人種が勝利したにすぎないと、考える者も現れた。

ちなみに、日露戦争の日本の勝利は、ヨーロッパのパワーバランスに大きな変化をもたらしている。たとえばドイツは、ロシアが勝つものと計算していたが、予想がはずれ、困惑している。ロシアが東アジアに足場を築き、そちらに注力してくれれば、ドイツはロシアと同盟関係を結び、フランスもこの枠に組み込み、イギリスに対抗しようと目論んでいた。だが、野望はくじかれてしまった(「タイムズ一九〇六年一月二日」『国際ニュース事典　外国新聞に見る日本④　1906-1915　本編（上）』国際ニュース事典出版委員会編／毎日コミュニケーションズ）。

また一方で、日露戦争の日本側の勝利は、黄禍論の台頭を招いたのだ。ただし、列強にとって最大の脅威は中国で、「眠れる大国」の覚醒《かくせい》を恐れた。しかも日本と中国が手を組めば、厄介なことになると危惧《きぐ》した。

逆に欧米列強に苦しめられてきた東アジアの国々は、日露戦争の日本の勝利に勢いづき、日本から学ぶものがあるのではないかと考え始めている。

本当に「アジアは一つ」か

欧米列強が日本や中国に脅威を感じ、圧迫してくる状態は、新興国の日本にとっては、じつに危険だった。

西洋文明に対する劣等感から出発した日本の近代は、西欧に追いつき追い越せをスローガンにして突き進んだ。ただ、富国強兵政策は国民に重税の負担を強いていたし、日清戦争、日露戦争、第一次世界大戦（一九一四～一九一八）で、日本が一度も負けなかったことは、かえって不運だった。戦勝のたびに国民は舞い上がり、さらに新聞がこれに便乗して世論《せろん》を煽り、戦争が売り上げ部数を伸ばし、だからこそ余計マスメディア全体が右傾化していき、軍部も増長した。

この中にあって、「大アジア主義」は本来の「欧米列強の圧力をアジア全体ではね返そう」という理想論ではなくなっていた。日本の正義と侵略の正義を声高に叫び、熱狂した。そして最後は、取り返しのつかない事態を招くことになる。

また、戦前の日本は、左翼思想や自由主義だけではなく、右翼も含めて、一切の思想を弾圧していくが、これらは多かれ少なかれ、大アジア主義的要素を含んでいて、その大アジア主義の無思想化の極限状況が「大東亜共栄圏《だいとうあきょうえいけん》」という発想を生み落としたという指摘もある(『現代日本思想大系(9)アジア主義』竹内好編/筑摩書房)。また、こうした大アジア主義が、日本の海外進出の大義名分になっていく(免罪符と言った方が正確かもしれないが)。

ここで改めて感じるのは、岡倉覚三の掲げる「アジアは一つ」という発言が、無垢《むく》で欲のないものだったということだ。ただし彼も、時代の荒波に飲み込まれていく。伝統的な日本美術を欧化主義から守ったことで名高い岡倉覚三だが、意外にも、権力者によって排斥されていたのだ。明治政府は芸術や精神活動を西洋化し、統率したかったのである。

西洋文化の翻訳が学問の中心になったこの時代(戦後しばらく続いていたが)、日本や東洋の文化や美を見直そうとした岡倉覚三は異端児であり、だからこそ、西欧の光栄はアジアにとっては屈辱であると、憤慨した（『東洋の理想』）。さらに、文明の進歩と機械の発展に、疑念の声を上げている。

「西欧の栄光図には、不幸にして裏がある。（中略）近代文明の大機構に参ずる個人は、機械的習性の奴隷となって、みずからが作り出した怪物にひきずりまわされる」

さらに、西洋人は中世の迷信から抜け出したと自慢するが、物欲の犠牲となり、拝金主義に陥ったと指摘したのである（「日本の目覚め」『岡倉天心集』）。この岡倉覚三の発言は、間違っていないし、先駆的な発想だと思う。

ただし、岡倉覚三の掲げた「アジアは一つ」のフレーズに関しては、どうにも納得できない。大アジア主義者たちのスローガンに利用されてしまったから、というだけではない。アジアは本当に一つだろうか。同一文化圏と言えるだろうか。

そもそも中国が日本を対等に見ていたのかどうか、そしてアジアは一つと考えていたかどうか、はなはだ疑問なのである。日本人の描いた「一つのアジア」と中国人の思惑は一致していない。

大アジア主義を掲げる孫文《そんぶん》

日本の大アジア主義を苦々しく思っていたのは、中国人だった。その代表格が、中国の革命の父・孫文である。

日本は極東の島国でヨーロッパから遠いという地政学的な利点（島国）を活《い》かし、また近世に育まれた勤勉さも手伝い、いち早く近代化を成し遂げている。その結果、東アジアの盟主に立ったという自覚を抱いた。孫文が批判したのはここだ。アジアが一つにまとまるのは、中国の「王道」という発想が中心になると言い、日本も中国を中心とする一つのアジアに協力し、ヨーロッパの物質文明に対決すべきだと言う。

大正十三年（一九二四）十一月二十八日、神戸商業会議所の主催で開かれた講演で、中国革命の父・孫文は「大アジア主義」と題して、発言している。それを要約しておく。

日露戦争の日本海海戦でロシアのバルチック艦隊が壊滅的な打撃を受けた時、孫文はヨーロッパに滞在していて、日本の同盟国だったイギリスでも衝撃が走り、「大多数が首を振り眉をひそめ」ていたこと、日本の大勝利は「白人にとって良い事ではない」と考えていると指摘した。その根底には、ヨーロッパ人の文化を人びとに伝えることが正義であり、アジアの文化は、正義や人道にそぐわないと考えているからだと言い放った。当時の物質文明は、たしかにヨーロッパの方が発展しているが、それは「武力の文化」で、その「覇道《はどう》の文化」がアジアを圧迫しているという。しかし、もともと東洋では、覇道の文化を軽視してきたと言っている。事実、ヨーロッパの物質文明が覇道の文化を広げて、世界の道徳は衰退してしまったではないか、と言うのだ。

ひるがえって、中国が世界でもっとも強かった時代、中国周辺の弱い民族や国々は、中国が宗主国《そうしゆこく》であって、朝貢《ちようこう》して従属することを自ら望み、中国に朝貢できることを光栄に思い、中国に朝貢できないことは恥と考えていた、と言う。それは、武力を使った「覇道」ではなく、「王道」によって中国の徳を慕って、自ら望んでやってきたとする。

ヨーロッパの物質文明は「文化」ではなく、「覇道」だと言う。また、覇道は功利や強権を主張し、王道は仁義や道徳を主張すると述べ、東西文化のどちらが優《すぐ》れているか、問いかけている。その上で、それぞれのアジアの固有の文化を基礎として、「大アジア主義」を築き上げようと主張した。「仁義・道徳こそわれわれの大アジア主義の優れた基礎」としたうえで、ヨーロッパの科学や工業を見習い、武器を改良するべきだと言う。それはけっして、他民族を圧迫するためではなく、自衛のためだと言うのだ。ヨーロッパから苦しめられている弱者に味方し、あらゆる民衆の平等と解放を求めるとする。そして最後に、次のように述べて、締めくくっている。

「西方覇道の手先となるのか、それとも東方王道の防壁となるのか、それはあなたがた日本国民の、詳細な検討と慎重な選択に懸かっているのです」(『孫文革命文集』深町英夫編訳/岩波文庫)。

さらに孫文は、ヨーロッパの物質文明が発達して、覇道によって世界の道徳は衰退したこと(それはアジアにおいても!)、「欧米の学者が、東洋の物質文明は西洋に及ばないものの、東洋の道徳は西洋よりずっと高いことを、次第に知るようになりました」とも語っている(前掲書)。

孫文にとっても、「アジアは一つ」だった。中国の覇道と王道をめぐる考えには、少し違和感を覚えるが、大筋《おおすじ》においては間違っていないと思う。

しかし問題は、孫文にしろ当時の中国人にしろ、「アジアは一つだが、盟主になるのは中国」と、当然考えていたはずなのである。ここに、当時の日本と中国の間に横たわる意識のズレがあった。

異民族に支配され続けた中国

正論に見える孫文の演説だが、手放しで礼讃《らいさん》することはできない。

アジアは一つと孫文は叫んだが、意外なことに、中国も、長い間一つではなかったし、漢民族が常に中原《ちゆうげん》（黄河《こうが》中流域）とその周辺の広大な地域の支配者だったわけでもなかった。むしろ異民族の侵略をたびたび受け、統一王朝も長続きしなかった。これが中国であり、この歴史を無視して「アジアは一つ」と唱えられても、説得力がない。また、「王道」にも、中国の「ゆがんだ優越感」が隠されていると思う。

四世紀の五胡十六国《ごこじゆうろくこく》の時代、北方系の匈奴《きようど》、羯《けつ》、鮮卑《せんぴ》や、チベット系の氐《てい》、羌《きよう》が侵入してきている。宋《そう》の時代には、タングート、ウィグル、契丹《きつたん》、女直《じよちよく》（女真《じよしん》）が流入した。十三世紀に入ると、広大な支配地を有するモンゴル人の元《げん》王朝が出現した。このモンゴル族の王朝を倒して成立したのが明《みん》王朝で漢民族の復活をはたしたが、十七世紀に入ると、今度は女直（満州）民族の「清（満州王朝）」が誕生した。そして辛亥《しんがい》革命（一九一一～一九一二）の革命派は「排満（満州民族を排除）」を叫び、「韃靼《だつたん》の輩《やから》（満州民族）」の駆除を成功させた。清王朝は滅ぼされ、漢民族は満州民族の支配から「解放」され、「中華支配」が再現されたわけだ。さらに、近代化によって、欧米列強や日本の圧力もはね返そうと考えただろう。

優れた漢民族が野蛮な「夷狄《いてき》」や異民族をようやくの思いで政権から追い払い、正しい秩序を取り戻したわけである。中華と文化の劣る野蛮人を分けることを、「華夷《かい》の辨《べん》（華夷思想）」と呼ぶ。

明治四十四年（一九一一）十月十日に中国で勃発した辛亥革命は、教科書的には近代国家樹立を目指す「共和革命」だが、そのスローガンは「韃虜《だつりょ》の駆除」「中華の恢復《かいふく》」だった。つまり、夷狄・満州民族の清王朝を打倒し、漢民族の政権を復活させるための「光復《こうふく》革命」でもあった。漢民族の中華思想は、ここに復元されたのである。

ただし、このあとの中華思想は、かつての「漢民族の周辺に夷狄が囲む」「恭順《きょうじゅん》した夷狄（非漢民族）は畏怖する」ではなくなってしまった。夷狄を内側に取り込む政策が進められたのである。

横山宏章は、辛亥革命によって誕生した中華民国と中華人民共和国で、皇帝による独裁体制は終焉《しゅうえん》したが、「絶対的権威が華夷秩序としての天下を統率するという伝統的な天下概念の枠内にとどまり、漢民族が領域内のさまざまな民族を支配、統合」していて、中華帝国の構造そのものだと言っている（『中国の異民族支配』集英社新書）。冊封《さくほう》体制とは意味が違う。

その上で、現在の中国では、「華夷の辨」と「大一統《だいいっとう》」の対立が起きていると言う。大一統とは、漢民族の周辺にたむろするかつては夷狄と呼ばれた五五もの異民族は、中華人民共和国の一員として、仲良く調和すべきで、中華人民共和国の中の少数民族となる。つまり、中国共産党は、中国の中の少数民族も、「中華民族」になったと言っているわけだ。もちろん、中華民族に組み入れられた少数民族が、納得しているかどうかは、別問題なのだが（現実には不満が蓄積している）。

孫文は大アジア主義を唱え、帝国主義列強からの解放や独立を訴えた。異民族の皇帝の支配から漢民族を解放したことは事実だが、華夷秩序による異民族を巻き込んだ中国の統一という、新たな体制を生み出すきっかけを作ってしまったことになる。

もちろん、中華人民共和国に至っても、なんら変わるところがない。むしろ、少数民族はイデオロギーを強要され、搾取も横行《おうこう》し、不当な扱いを受けるようになったと言えるだろう。

中華人民共和国による異民族支配を横山宏章は、次のように分析する。長くなるが、引用する。

自立できない少数民族は、「中華民族」という「大家庭」に守られてこそ、安全と安寧、そして発展を確保できるという。そこにみられるのは、優れた漢民族が劣った少数民族を援助することで、はじめて少数民族は幸せを確保できるという「救済」の論理である（前掲書）。

そして、このような論法は、かつてアジアを侵略した大日本帝国の「破綻《はたん》した論理」に似ていると糾弾している。「夜郎自大《やろうじだい》」で「驕《おご》り」だと言う。そのとおりだと思う。大アジア主義の負の側面と言えないだろうか。

さらに横山宏章は、「多民族国家である中国のアキレス腱は民族問題である（中略）大きなリスク要因の一つが漢民族と異民族の対立である」と言い、「社会不安と民族不安が結びついている」と指摘している。

改革・開放政策の結果、著しい階層格差が残り、共産党官僚の汚職や腐敗に対する不満があふれている。中国共産党は、異民族とみなされてきた少数民族を中華民族の構成員に組み込もうと模索し、だからこそ一部で漢民族と異民族との争いに発展し、独立を求める動きも見られる。

新たな黄禍論と中華人民共和国

結局、孫文の主張を日本側は受け入れることはなかったし、日本は暴走を始めるのだが、日本が誤った方向に進んでしまった一つの原因は、明治維新が微妙なタイミングで成し遂げられたという一点である。欧米列強が「近代への疑念」と危機感を抱き始めていたちょうどその時、日本人は「西洋かぶれ」となって、西洋文明に追いつこうと必死に模索を始めたことだった。

欧米人は「われわれがやってきたことは、正しかったのか」と、疑い始め、解決することもできず、衰退の予兆を感じとっていた時、日本人は西洋文明をそのままごっそりコピーしようと躍起《やっき》になったのだ。「コピー」で語弊があれば、「借用」である（同じことか？）。

日本は富国強兵策を推し進めた結果、日清戦争と日露戦争に勝利した。さらに、第一次世界大戦にも勝利してしまった。ヨーロッパ中が疲弊し、二度と戦争を起こしてはならないと決意したちょうどその頃、日本は勝利に酔《よ》いしれ、新聞は大いにはやし立て、国民も政府も軍部もここから暴走を始めてしまう。近代日本が一度も敗戦を味わわなかったことは、不運としか言いようがない。

福田恆存《つねあり》は、日本の近代の過ちを、次のように述べる。

「われわれは超克すべき真の近代をもたず、（中略）近代の超克とか克服とかをいう前に、まず何よりもわれわれはいまだ借り物としての近代性しかもち得ていない日本の近代の特殊な歪みや宿命を直視しなければならない」（『現代日本思想大系（32）反近代の思想』筑摩書房）

近代日本は西洋文明に憧れ、また、西洋の武器を手に入れなければ生き残れないと考えた。その時すでに、欧米列強は衰退への恐怖を感じ始めていた。だから、西洋の真似をして強大化する日本に脅威を覚えたのだろうし、劣等と思っていた黄色人種が西洋人が作り上げた戦争の道具を利用して牙を向けてくることへの恐怖を味わっていたのだろう。

黄禍論とは、西洋文明の凋落《ちょうらく》（あるいは、そう西洋人が感じていたこと）と無関係ではない。

すでに述べたように、一神教は、神が人間を創ったと決め付け、人間が神になりかわってこの世を支配し、改造できると考えた。人間の理性は神の意志であり、正義は一神教徒にあった。しかし、科学が進歩しても人類は幸せになれないこと、熾烈《しれつ》な戦争は絶えることがないことに、西洋人も「何かがおかしい」と、ようやく気づき始めた。しかし一方で、一神教徒の「優越感」は、簡単に消えないのだ。ここは、忘れてはならない。

くり返すが、中国文明は世界一の歴史的時間と規模を誇った。だからこそ、東アジアの中で周囲に優越感を抱き続けたことは、自然な発想だった。そして、十九世紀以降、帝国主義の波が東アジアに押し寄せ、清国は屈辱的な扱いを受けた。漢民族は、異民族国家（清）の中で、複雑な思いを抱き続けたのだろう。だから、孫文が中国（漢民族）を中心とした東アジアの復興を思い描いた心情は、よく理解できる。孫文は漢民族の独立を願ったのだろう。しかし、そのあと、歴史はねじれていく。中国は欧米列強の力を借りて、日本を駆逐するというこれもまた厄介な歴史を背負い、日本を恨むこととなった。

今世紀に至り、新たな黄禍論は、中華人民共和国に移っていくのだろう。よって、戦争が起きる可能性は高いし、中華人民共和国はキリスト教のなれの果てである共産主義の国（拙著『縄文文明と中国文明』ＰＨＰ新書）であるところに、大きな問題が隠されていると思う。だからこそ、日本と中国、そして両国の間に位置する朝鮮半島の歴史を、改めて学び直す必要があるのだ。

そして、ここで改めて声を大にして述べておきたい。「アジアは本当に一つか」と。

第一章
中国文明の本質

孔子《こうし》が理想視した古代中国王朝は実在したのか

中国の古代史を振り返っておきたい。中国文明の本質を知るためにも、避けて通れないからだ。

古代中国史のかつての常識は、考古学の進展によって覆《くつがえ》されてきたのだが、その変遷を、まず追ってみよう。

『史記《しき》』や多くの文書は、中国の起源を「夏《か》」「殷《いん》」「周《しゅう》」の三つの王朝だったと言っている。そして儒家《じゅか》の祖・孔子（紀元前五五一～前四七九）が、政治の理想をこの時代に求め、この考えは、近代に至るまで継承されてきた。三つの王朝は実在したと信じられてきたわけで、古代中国を理想視する歴史観も、長い間守られていたのである。

しかし、一九一九年五月四日に「抗日、反帝国主義、反封建主義」の五・四運動が勃発し、歴史見直しの気運が高まり、儒教《じゅきょう》や孔子の封建的な発想に異が唱えられ、新たな歴史観が求められるようになり、西欧近代思想を採り入れ始めた。そして一九二〇年代に入り、大きな変化があった。中国史の起源として理想視されてきた「夏」や「殷」の存在を否定する「疑古派《ぎこは》」が出現して、波紋を広げたのである。

当時、「夏」と「殷」の実在を示す考古学的な物証は、存在しなかったために、今度は二つの王朝は「神話」と考えられるようになってしまったのである。

ところが、「釈古派《しゃくこは》」の手で殷墟《いんきょ》（河南《かなん》省安陽《あんよう》市）出土の甲骨文《こうこつもん》の解読が進められ、清朝《しんちょう》末期には、甲骨文字が解読された。甲骨文字とは、亀甲《きっこう》や獣骨に刻《きざ》まれ、占いにまつわる文章を刻んだ殷墟文字を指す。その結果、殷王の名前がわかり、『史記』に描かれた殷王朝の系譜とほぼ重なることから、殷王朝が実在したことが証明された。さらに、甲骨文字が多くの事実を書き残していて、殷の後半の歴史は、おおよそ解き明かすことができるようになった。こうして、中国の起源は殷だったと推理されるようになった。

それだけではない。中国にも考古学が根付き始め、一九二八年以降、本格的調査が行われ、宮殿や宗廟《そうびょう》と見られる遺構や王族墓など、数多くの遺構・遺物が見つかっている。さらに戦後になると、河南省鄭州《ていしゅう》市の鄭州遺跡（二里岡《にりこう》遺跡など。前一六〇〇～前一四〇〇年頃）、偃師《えんし》市で二里頭《にりとう》遺跡（前一九〇〇～前一五〇〇年頃）が発見され、まぼろしと思われていた夏王朝も実在したのではないかと考えられるようになった。

一九八三年には、二里頭遺跡の東側六キロの場所に、殷初期の偃師商城《しょうじょう》遺跡（商は殷の別称）が発見され、洛陽《らくよう》平原《へいげん》で夏王朝は殷王朝に入れ替わっていたと考えられるようになった。
ところで、中華人民共和国は夏王朝を国威発揚《こくいはつよう》のために利用し、「中華民族の偉大な復興」をスローガンに掲げている。地理学、遺伝学、動物学、植物学、冶金学などの専門家が参加し、中国文明のルーツ探しが始まったのである。

また、中国文明の起源は、夏王朝よりもさらにさかのぼるのではないかと、疑われるようになってきた。伝説の「三皇五帝《さんこうごてい》（神と聖人。理想視された君主）」も考古学の進展によって、確実な歴史として再現できるに違いないと、考えられるようになった。黄河《こうが》中流域から渭《い》河《が》流域で五帝は繁栄を誇っていたというのだ。

それだけではない。夏と殷の伝説の王たち、堯《ぎょう》、禹《う》、舜《しゅん》の廟や陵《りょう》が、再建、復元され、中国の輝かしい歴史が、古代にさかのぼって礼讃《らいさん》されている。

ただし、これらの「研究成果」のすべてを簡単に信じることはできない。中国は、意図的、政治的に歴史を再構築し、利用しているからだ。漢民族の歴史を美化し、創作している点が少なくない。認知戦、歴史戦には用心する必要がある。

考古学でわかってきた古代中国の歴史

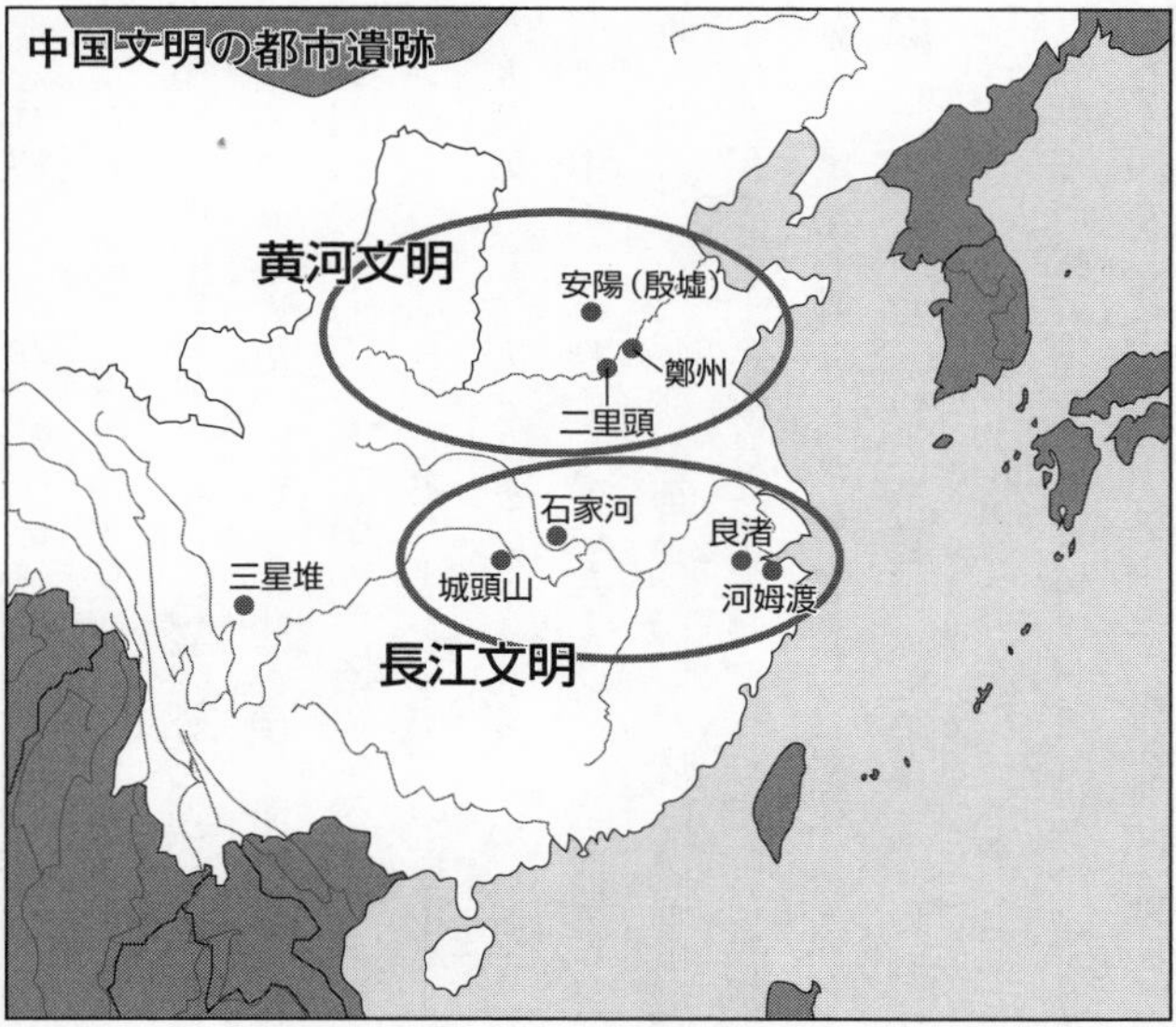

夏王朝、殷王朝、周王朝のうち、実在を疑われてきた「夏」と「殷」の王朝が、考古学の進展によって「黄河中流域に存在した」ことがわかってきた。

中国の原郷は氾濫原《はんらんげん》でもあった。上流から運ばれてきた黄土《おうど》が、川底に溜まり水はあふれ、川の流れは定まらなかった。夏王朝が、洪水伝説で始まるのはこのためで、始祖・禹が治水王として礼讃されていたのは、ただの作り話ではなかったことになる。

そして「夏」「殷」の治政は、多神教的でゆるやかな支配体制が継続していたらしいこともわかってきた。自然神や祖先神を尊重し、穏やかな信仰形態を維持していた。孔子の憧れの国は、たしかにあったようなのだ。

ただし、「周」の時代から、大きな変化が訪れていた。富を蓄え、中華思想が芽生え、次第に文明の国(悪い意味で)に変貌していったのだった。

ならば孔子の思い描いた理想の国(想像どおりであったかどうかは別にして)がどのように文明の国に変化していったのか、その経過を探っておきたい。そのために、夏や殷の時代をさらにさかのぼり、先史時代から中国の古代史を順番に追っていこう。

人類の起源はアフリカに求められるが、新人(ホモ・サピエンス)は今から一〇万年ほど前に、中国に流れ込んでいたようだ。氷河期が終わると新石器時代に移行している。紀元前一万三〇〇〇年から前八〇〇〇年頃、黄河流域、長江《ちょうこう》流域、東北の三つの地域に人びとが住み、それぞれが異なる生業を持っていた痕跡が見つかっている。黄河の「アワ作と雑穀、家畜と狩猟」、長江の「稲作、漁撈《ぎょろう》、狩猟」、東北の「狩猟、漁撈、採集、雑穀栽培、家畜」といった三つの系統だ。その中で、のちに夏や殷が生まれるのは、黄河流域(いわゆる中原《ちゅうげん》。河南省、洛陽から鄭州を中心とした黄河中流域)だ。

新石器時代前期から後期にかけて、渭河流域と黄河中流域で二つの文化圏が形成された。それが仰韶《ぎょうしょう》文化と龍山《りゅうざん》文化で、紀元前四五〇〇年頃は高温湿潤で農耕が発達し、環濠《かんごう》集落を形成するようになる。新石器時代中期末期の紀元前三〇〇〇年頃になると、環濠集落が発展し、城壁で囲まれた集落（城塞集落、城郭集落）が出現している。都市の雛形と言っていい。銅器や土器、文字らしきもの（記号状）も見つかっている。

新石器時代後期（前二〇〇〇年頃）に至り、城壁集落の中では、階層と格差が生まれていた。墓の規模が異なっていたし、土器、玉器、彩色の施された木器などが副葬されたがここにも差が出た。また、祭祀と軍事を司る首長が誕生していた。

このあとに登場するのが、二里頭文化、二里岡文化、殷墟文化で、初期国家の時代に入る。黄河中流域一帯の内陸部に、青銅器《せいどうき》を威信財とする王権が産声《うぶごえ》を上げたのである。

青銅器時代の始まりと二里頭文化期（夏王朝）

そしてここで特記しておきたいのは、中国では新石器時代に、青銅器が造られていたことなのだ。日本では縄文《じょうもん》時代にあたる。

ちなみに、青銅（銅と錫《すず》の合金で金色に輝く）の技術は、中国よりも西アジアやヨーロッパで先に発達していた。西アジアで紀元前六〇〇〇年よりも前に銅が使われている。中国の場合、二里頭文化期（夏王朝）以降が、青銅器時代と区切られるが、新石器時代中期後半から後期前半になって、青銅器が存在していたことが確かめられている。どうやら、ユーラシア大陸から技術が移動してきたらしい。

二里頭遺跡のみならず、中国西北部、内蒙古《うちもうこ》中南部、遼西《りようせい》地区など、広い地域で装飾品などさまざまな青銅器が利用されるようになったし、副葬品として重用された。

ここで少し、二里頭遺跡について説明しておく。一九五九年に発掘調査が行われ、二里頭遺跡が見つかった。紀元前一九〇〇～前一五〇〇年頃の遺跡で面積は三平方キロメートル。文献に現れる夏王朝と時代と所在地が合致することから、夏王朝の中心地と考えられるようになった。

大きな意味を持っていたのは、一号宮殿遺址（南北一〇〇メートル、東西一〇八メートル）だった。宮殿址から、生活臭は見当たらず、政治的、宗教的施設だったことがわかる。炭素14年代法（放射性炭素C14の半減期が約五七〇〇年という性格を利用して遺物の実年代を測る方法）で調べた結果、紀元前一六八四～前一五一五年（較正年代）の遺跡と判明した。後世の宮殿建築様式の原形と考えられている。ここに人びとが集まり、爵《しやく》（酒を温める器。二里頭のものは、注ぎ口が異常に長い）などの青銅器を用いて儀礼が行われていたと推理されている。初期の礼制が成立し、新石器時代から大きく飛躍したように見える。

二里頭遺跡を中心に、集落をつなぐネットワークが構築され、広範囲に影響を及ぼした。

二里頭で生まれた新たな文化は、衛星集落に届けられ、諸地域の集落ごとの文化と融合していった。だからここを「初期王朝」「初期国家」と考える研究者も多いし、殷王朝成立前の重要な遺跡であることは間違いない。ただし、文字資料が発見されておらず、ここが「夏」だったのか、その確証がない。「夏」の時代と重なるとはいっても、夏王朝の後期なのだ。

青銅器を宗教儀礼と位階システムに用いた「殷」

夏のあとに登場するのが、殷王朝（前十七世紀頃～前一〇四六年）だ。日本では、縄文時代の終わり頃になる。

『史記』の「殷本紀《いんほんき》」に、「湯《とう》なる人物が挙兵し、夏王朝の暴虐な桀王《けつおう》を伐ち、殷王朝をうち立てた」とある。この殷王朝は、約五〇〇〇年続いた。

かつて、殷は伝説の王朝と考えられていたが、考古学が、その実在性を明らかにした。

一九五〇年から、河南省鄭州市で殷代前期（前十六～前十四世紀）の遺跡が見つかった。これが二里岡遺跡（鄭州商城）である。

殷とこれに続く周は、農耕社会と牧畜型農耕社会の接触地帯に誕生している。二つの文化が混じり合って、化学反応を起こしたようなのだ。中国の原始国家の殷と周は、「一つの文化、圧倒的な勢力」によって生まれたわけではなかった。

殷は点と点をつなぐネットワークを構築していた。前期には、垣曲古城《えんきょくこじょう》（山西省《さんせい》垣曲県の城郭遺跡）や盤龍城《ばんりゅうじょう》（湖北省《こほく》武漢市《ぶかん》。周囲約一一〇〇メートルの城壁で囲まれている）といった中心的集落が生まれ、その周辺から、二里岡、殷墟文化に属する青銅器が大量に出土し、殷系土器を保持する集落が分布していることがわかった。その後も各地で発見が相次ぎ、同様な集落が営まれていたことがわかってきた。

ちなみに、殷代史は、前期（二里頭期）、中期（鄭州期）、後期（安陽期）に分かれるが、文字資料（甲骨文字）が残っているのは後期だけだ。その後期の殷の中心が殷墟だ。ここで青銅器文化は、最盛期を迎えていた。殷王朝が青銅器を求めたのは、青銅器を宗教儀礼に用い、宗教を政治にも利用したからだ。

殷の時代、青銅彝器《いき》（青銅祭器）が、位階システム（礼制）に用いられた。青銅彝器の所有数が、身分の上下を表していたのだ。殷王朝を頂点にしたヒエラルキーが、遠隔地域に拡大され、鼎《かなえ》や罍《らい》（酒樽）などが、特権階級の持ち物となった。

殷王朝が民からもたらされた貢納品《こうのうひん》(資源や物資)を再分配することで、国家が維持された。その再分配に際して使われたのが、青銅彝器でもある。

殷王朝は南に向かって進出し、銅資源を求めていた可能性が高い。長江中流域には、早期の段階でまとまった人びとが殷から押し寄せ、採掘していたと考えられている。西周《せいしゅう》後期以降になって、ようやく地元の「越《えつ》」の人びとによって銅の採掘が行われるようになる。

多神教的でゆるやかな信仰形態を持つ殷の文化

黄河中流域では新石器時代に犠牲祭祀が行われていたが、活発化するのは、殷の時代、特に後期になってからだった。祖先祭祀のために、動物だけではなく人間も生《い》け贄《にえ》として神に捧げられた。さらに、王が神になりかわり卜占《ぼくせん》し、これを文字に起こした。祭儀と礼制による統治システム(祭儀国家)が、殷王朝で完成したのだ。そして青銅器が、祭祀に用いられ、権威と権力の象徴になった。

殷の支配体制は、分権的で、ゆるやかなものだった。中央の周辺は支配下に置いたが、遠方の地方領主は自立していた。戦争で兵士を召集するに際しても、外敵に近い地域から集めることもしばしばだった。ちなみに、この時代の軍隊は、三〇〇〇から五〇〇〇人の規模で、想像以上に少ない。

殷の時代に、十干十二支《じっかんじゅうにし》は整っていて、日にちに当てはめられ、干支の組み合わせにより、六〇日の周期が一年に六回くり返された。また、一〇日で一区切りとし、これを「旬《しゅん》」と呼び、最後（一〇日目）の「癸《き》（甲乙丙丁《こうおつへいてい》……と続く十干の最後）」の日に次の「甲（十干の最初）」から始まる旬の占いが行われた。旬を占う「貞旬《ていじゅん》」だ。

また、殷代の王の名には、「十干」の漢字が一文字ずつついていた。殷の歴代王の中から、名前に「甲」がつく王は「（十干の）甲の日にまつわる王（先王）」と考えられ、甲の日に祀った。また、「（十干の）乙」の名を持つ王は、「乙の日の先王」として祀られた。要は、十干の日にちに合わせて、同じ名を持つ先王を、世系の序列に沿って祀ったのだ。

また、王が祀ったのは自然を支配する者＝自然神＝上帝《じょうてい》（自然を支配する力と人事に禍福《かふく》「災いと幸」を降ろす力を持つ者）、殷の王家の祖とみなされる高祖神《こうそしん》、先臣《せんしん》（すでに亡くなっている臣）や神格化した先臣神たちだった。王以外の族集団は、身近な父母兄弟を祀るが、王は祖父以上の先祖を祀ったわけだ。

この信仰形態は、古代の日本とよく似ていると思う。多神教的で穏やかな信仰形態と言っていいし、西欧の信仰を基準にして、これらを野蛮と決め付けることはできない。むしろ、アニミズム的で多神教的な信仰を捨てた時、それぞれの民族は、堕落していくと思うのである（理由は、のちに再び詳述）。

「銘文《めいぶん》入り青銅器の鋳造技術」を権威化した「周（西周）」

その殷を滅ぼしたのが、周（西周、前一〇四六～前七七一）だ。点と点を結んだ線上の諸国と連合を組んで政治的関係を維持していた。だから、「邑制国家《ゆうせいこっか》」とも呼ばれている。「邑」は、集落のことだ。これが領域国家に発展していくのは、春秋時代《しゅんじゅうじだい》（前七七〇～前四五三）後期の段階だ。

諸侯は周の都に定期的に出向き、銘文入りの青銅器をもらい受けていた。この「青銅器に銘文を刻む鋳造技術」を王朝が独占し、諸侯に与えることで、権威を維持し、連合体をつなぎ止める役割をはたしていた。青銅器と銘文は神器でもあり、誰にもできない「魔法」でもあった。宗教儀礼のネットワークが、統治システムに組み込まれていたわけだ。

そして「王家の信仰様式」が変質していくのは、このあとだ。

殷の時代の上帝は、次の周の時代になると「天」と呼ばれる。「殷の上帝」や「周の天」は、見上げる天蓋のイメージだ。ところが、戦国時代《せんごくじだい》（前四五三～前二二一）中期になると、

商末～周初期の「卣《ゆう》」。蓋裏と器底に銘文がある。
奈良国立博物館蔵
出典：ColBase（https://colbase.nich.go.jp/）

天蓋をさらにその上の、天蓋の外側の極上から見るイメージに変化していく。

また、周の次に秦《しん》が中国を統一して、王は「皇帝」を名乗るようになった（始皇帝《しこうてい》）。皇帝とは宇宙の最高神でもあり、「煌煌《こうこう》（キラキラと光り輝く）たる上帝」の意味で、王の中の王だ。皇帝が、みなに見上げられる上帝（神）そのものになったわけである。

周建国と〝易姓革命《えきせいかくめい》〟思想

『史記』には、殷王朝の最後の紂王《ちゅうおう》が、酒池肉林《しゅちにくりん》をくり広げたと記録されている。そこで紀元前一〇二四年、周の武王《ぶおう》が東に向かい、殷を攻め、翌年、牧野《ぼくや》の戦いで殷は滅んだ。

『逸周書《いつしゅうしょ》』によると、殷の王と妻の首は、祭祀に用いられている（生け贄）。

本当に殷が腐敗していたのかどうかははっきりとしない。敗れ滅びた者は悪く描かれるのが世の常だし、中国の歴史書は、腐敗した前王朝を新王朝が倒して世直しをすることが正義と主張する（易姓革命）。

その一方で、考古学の研究成果を含めて、殷の滅亡と周の出現の歴史は、次第に明らかになってきている。

西方の周族が東に移って建てた周王朝は、紀元前十一世紀後半から前二五六年まで約八〇〇年続いていく。

殷の末期、周の初代武王は、王位について十二年目に、東の殷を攻め始めた。迎え撃つ紂王が派遣した軍勢の数が上まわっていたが、紂王の軍勢の士気は低く、武王を迎え入れ、殷王朝は敗れてしまった。

こうして周は「封建体制」を組み立てていく。中国の封建は、王室の藩屏《はんぺい》となるべく、王の一族に、功績によって土地と民を与え、祭祀と軍事による統治を委《ゆだ》ねるものだ。しかも、一方的な支配ではなく、現地の慣習を重んじ、また、殷に仕《つか》えていた人たちの知恵と経験知をも、拝借して力にした。

滅んだ殷は分権的な支配体制で不安定だったが、周は封建制度や冊命《さくみょう》儀礼などを整備して、貴族制社会へ進んで、安定した社会を構築していったと、考えられている。

東アジア考古学の宮本一夫は、殷と周の交代劇を、「アワ・キビ農耕社会と稲作農耕社会を基盤とする社会の統合化の発展史」だったと言い、文字を生み出し、先史時代から歴史時代への社会発展の段階だったと言う。さらに、これら初期国家の成立した中原を地理的に中心とする古代国家が、このあと攻防をくり返していくことになるが、殷周社会の後期、春秋戦国時代になると、そこに自身を守る「中華」という思想が生まれたと指摘している（『中国の歴史1　神話から歴史へ　神話時代　夏王朝』宮本一夫／講談社）。

このあと周は周辺の反抗する勢力と、絶えず戦っていたようなのだ。また、『史記』には記録されていないが、領土を拡張する戦いも、押し進めていたようだ。殷の勢力下にあった東、その次に南へ、さらに周辺へと、戦線を拡大していった。青銅器の銘文には、異民族（とはいっても、共通の文明圏に属した、同じような武器を携えた人たちだ）が果敢に周に挑んでいた様子が記されている。拡張政策に対する反発が溜まっていたようで、周が弱まると、盛んに攻めてきた。

周王は彼らを成敗するに際し、「年齢に関係なく、老人も幼児も、皆殺しにしろ」と命じたと、青銅器の金文《きんぶん》は証言する。周が孔子の夢見たような理想的な社会だったかというと、じつに怪しい。

殷周時代に準備されていた〝文明〟への萌芽

周（西周）は次第に衰弱していき、内部に権臣《けんしん》（実力者）が出現し、王から権力が奪われることも起き、その後周は滅んでしまう。ただし、紀元前七七〇年に周の平王《へいおう》が洛邑《らくゆう》（後の洛陽）に東遷《とうせん》して即位している。これが東周《とうしゅう》だ。王の権力は弱く、有力諸侯が王を奉じていた。それから紀元前二二一年に秦の始皇帝が中国を統一するまでが、春秋戦国時代（東周時代）だ。紀元前四五三年をはさんで、前半が春秋時代、後半は戦国時代と呼ばれる。

問題は、西周が独占し秘密にしてきた「漢字を青銅器に鋳込《いこ》む技術」が、漏洩《ろうえい》し、各地に拡散していったことだ。王朝の混乱と共に、技術者が流出してしまったのだ。

ただし、だからと言って、周王朝の権威が凋落《ちょうらく》したのかと言えば、これが逆で、東周に王の権威は引き継がれていく。その理由を説明しておこう。

漢字は殷王朝で使用され、青銅器に刻まれた。これを西周が継承し、威信財として地方の有力者に配っていた。青銅器の金文には、周の偉大さ、青銅器をもらい受ける有力者と周王の関係が刻まれ、有力者にとっても、文字を刻んだ青銅器が権威の証《あかし》になり、漢字の

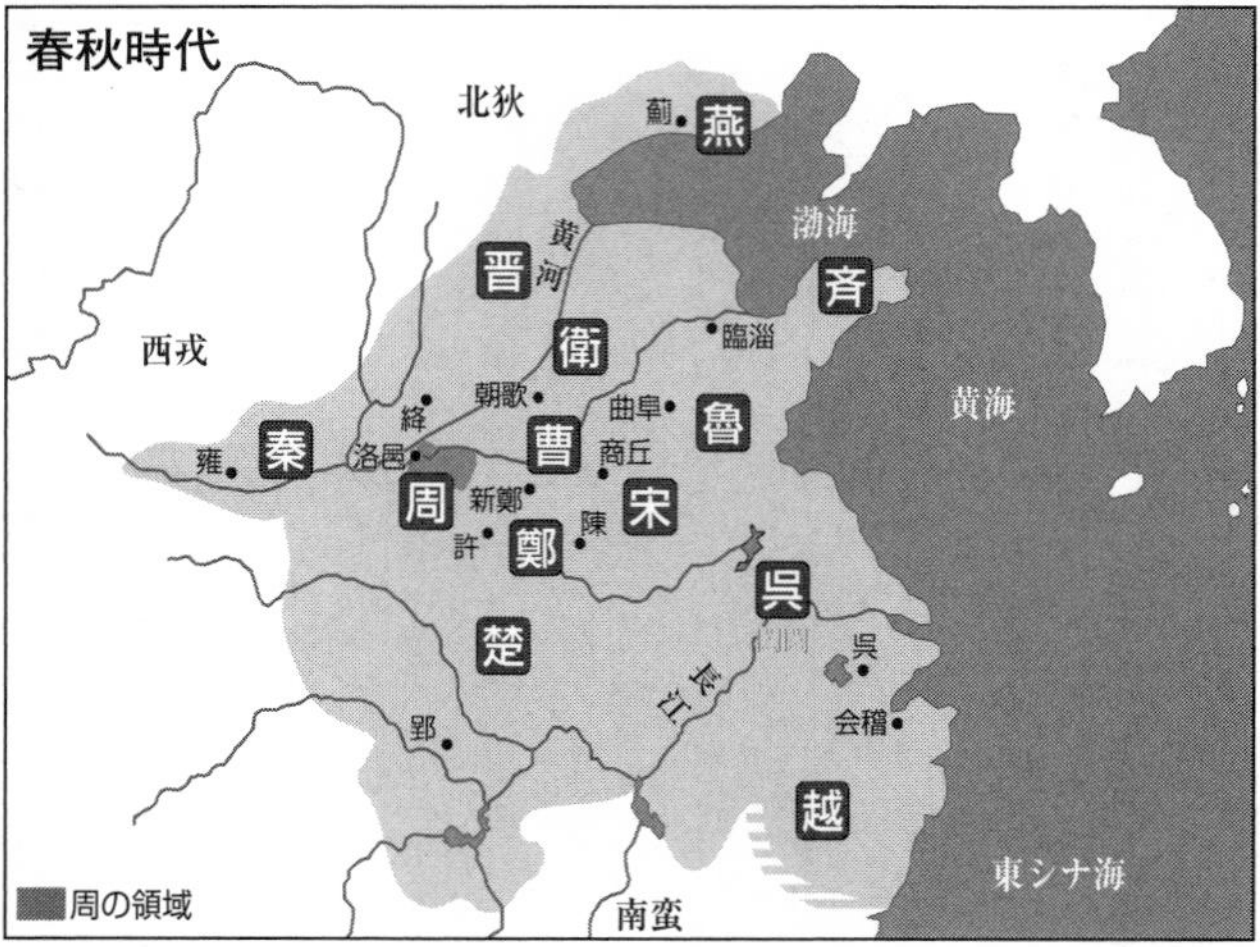

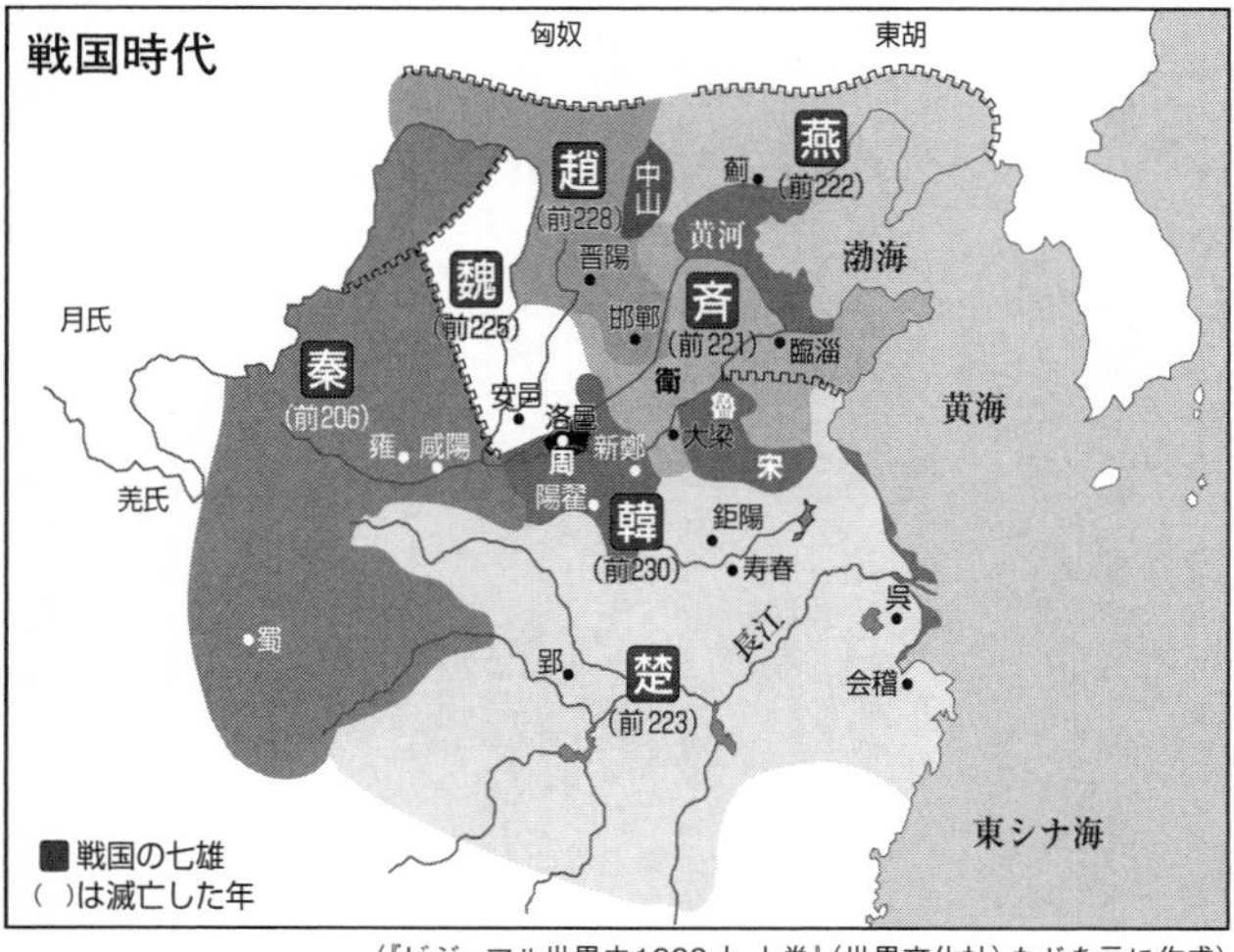

(『ビジュアル世界史1000人 上巻』(世界文化社) などを元に作成)

意味を理解するようになって、周の権威にすがっていったわけである。

西周によって独占されていた「漢字」は、東周の時代に各地に広まった結果、西周が配った金文の内容を多くの人が知るところとなった。周の武力は弱まったが、権威だけは、高まっていったわけだ。

これ以降、広い地域の歴史が、これら青銅器の金文によって残され、その埋もれた文字を考古学者が次々と見つけていったことで、「春秋時代は理想的な王道が廃れていく時代」というかつての常識が、崩れていった。実際は殷と周の時代、すでにのちの混乱を招くような支配体制が準備されつつあったことがわかってきたのだ。要するに「文明の萌芽」であり、暗い時代の予感である。

鉄器の登場と異民族「秦」の支配

竹内康浩は、殷や西周を中国の揺籃《ようらん》期と位置づけ、歴史的試みの時代だったと指摘した。神を媒介として人間を統合した殷になりかわり、人間の縁（絆）を用いた体制を作り上げ、このあとに続く中国王朝の支配のモデルとなったと総括している。ただし、孔子が思い描いたような理想の国家ではなく、孔子の影響を受けて人びとが憧れたような国でもなかったと指摘したのである（『世界史リブレット95　中国王朝の起源を探る』山川出版社）。

そしてこの先、人びとは鉄の武器を獲得し、激しい争いを始めていったのだった。混乱が長引き、最後には、異民族が中原を支配することになる。秦の始皇帝の御先祖様たちが登場したのだ。彼らは西方の「嬴《えい》」姓を名乗る一族である。

もともと彼らは馬や家畜の飼育を専業としていたようだ。西周が東遷する時代、部族長は軍勢を率《ひき》いて周王朝を助け、その功を褒められていた。戦国時代を最後に制し、統一国家「秦」を樹立したのが、彼らだ。

このように、古代中国は、中原（黄河中流域）に興《おこ》り、周辺に点と線をつなぎ、ネットワークを構築し、青銅器の金文を権威の象徴としたものだったのだ。のちの時代と比べれば、封建制でゆるやかな支配体制であるがゆえに、理想視もされた。少なくとも夏と殷までは、多神教的なゆるやかな社会だった。

ここまで古代中国、黎明期の王朝の姿を追ってきたのは、どのようなきっかけで金属器を中国の王朝が必要とし、手に入れたのか、その様子を知りたかったからだ。そして、春秋戦国時代に、中国の王朝は、鉄器の力に目覚めたわけだ。中国が大きく変質したのは、まさにこの西周と春秋戦国（東周）時代である。

いよいよここから本格的な「殺戮《さつりく》と悪《あ》しき文明の時代」に突入する。

春秋戦国に始まっていた環境問題と負のスパイラル

日本は国土の三分の二が森林で、生活のそばに自然が存在して恵みをもたらすことは、当然と思われている。しかし、中国の場合、森林や野川や湿地帯を「山林藪沢《さんりんそうたく》」と呼び、国家が管理し、そこから「富を吸い上げる」場所として、特別視されていた。

前漢《ぜんかん》（前二〇二～後八）の時代に王朝内で財政再建のための会議が開かれ、塩や鉄などの専売などが話し合われたことが記録されている。それが『塩鉄論《えんてつろん》』で、その中に、春秋戦国時代の山林藪沢の場所が記録され、そこを支配することによって、国家は潤うと記されている。ここに言う山林藪沢とは、森林や藪、湿地帯などを指している。そこから「金（鉄や銅）・木・竹箭《ちくせん》・皮革・羽毛」などの資源が採れるというのだ。

この記事の問題は、いくつもある。

まず第一に、「山林藪沢（自然の残る野山）」が、国土を覆っているのではなく、わずかに残され、そこから資源（金属だけではなく、木材や動物）が採れる場所として、国家が管理していたということである。すでに、文明が盛んになり、多くの森や自然が破壊されていたことがわかる。

第二に、鉄器が普及して、農作業や樹木の伐採がさらに容易になり、多くの作業が効率化され、農民の負担が減ったこと、その農民を兵士として、権力者が吸い上げた。その原動力となったのが、山林藪沢であった。文明が森を食べ尽くし、強い権力者が富を蓄え、争いが絶えなくなった状況が、見てとれる。周から春秋戦国時代にかけて中国の文明は発展し、だからこそ、暗黒の時代が到来したわけである。中国文明の負のスパイラルが始まったのだ。

漢民族の根本「中華思想」の芽生え

もう少し、中国文明について、考えておきたい。

中国文明とは何かをどうやって知ることができるだろう。そのヒントは、「意外に弱い漢民族」と、「南北に分かれた中国」かもしれない。ここからしばらく、中国の歴史から解き明かせる中国人（漢民族）の性格や発想の大元を明らかにしてみたい。

そこでまず注目したいのは、中華思想のことだ。

漢民族は黄河の中流域に文明を築き、西周の時代に入った頃から、周囲の異民族を見下すようになっていった。中華思想の芽生えは、周とその後の春秋戦国時代（前七七〇～前二二一）の時代に求められる。

すでに触れた部分だが、殷王朝最後の紂王は酒池肉林をくり広げたという。西方の周の西伯《せいはく》（文王《ぶんおう》）は諫《いさ》めたが聞き入れられず、諸侯は善政を敷く西伯を「天命《てんめい》を受けた王」と支持し、結局この人物が殷王朝滅亡のきっかけを作った。西伯亡きあと周の統治を継承した武王は、殷を攻め滅ぼした。ここに、中華思想（華夷《かい》思想）が芽生え、統一王朝の秦や漢民族の漢が誕生すると、「夏」「華夏《かか》」「中華」「中国」を自称し、世界の中心となった。

さらに、漢民族は東西南北の人びとに対し、それぞれの蔑称を用意している。「東夷《とうい》」「西戎《せいじゅう》」「南蛮《なんばん》」「北狄《ほくてき》」がそれだ。

中華思想に附随したのは王道理論（徳治《とくち》主義）で、（中国の）王（天子《てんし》）の仁政《じんせい》が四方に及べば、おのずから、僻遠《へきえん》の夷狄《いてき》も中国に靡《なび》いてくると考えた。

たとえば漢帝国は皇帝を中心にした統治システムを採り入れていた。皇帝のまわりに内《ない》臣《しん》、外臣《がいしん》、朝貢国《ちょうこうこく》が同心円を描くという発想だ。中華思想で内と外を区別するが、王化《おうか》思想によって、皇帝の徳は外の蛮夷《ばんい》に及ぶというのである。

蛮夷の中は徳に従い、礼と法を奉じて臣属する外臣と、徳を慕うだけの朝貢国に二分された。弥生時代後期《やよい》（紀元一世紀中頃〜三世紀頃）の奴国《なこく》や伊都国《いとこく》には漢鏡《かんきょう》などが下賜《かし》され、特別待遇を受けているが、日本列島は漢から見れば僻遠の絶域、しかも海の外からはるばるやってきたのだから、これに漢が応《こた》えたということだろう。

また、中国王朝の発展と共に、朝貢国が外臣の地位に引き上げられることもあった。防衛ラインを守るために、帝国の一部に組み込む動きで、邪馬台国《やまたいこく》がまさにそれだった。邪馬台国は三世紀半ば、親魏倭王《しんぎわおう》の称号を獲得する。そして南方の狗奴国《くなこく》と戦闘状態に入ったが、魏《ぎ》は邪馬台国に使者を送り、詔書《しょうしょ》と黄幢《こうどう》（軍旗）を授けている。

意外に少ない漢民族の王朝

不思議なのだが、漢民族（漢族）が頂点に立って中国を統一し支配していた時間は、意外に短い。最初の王朝だった可能性が指摘され始めた「夏」も、東南アジア系の人びとが建てた王朝ではないかとする説があるぐらいだ。南方の淮河《わいが》の流域から船に乗って北方の狩猟民や遊牧民と交易して暮らしたという。それが発展して、黄河流域に住みついたというのである。

岡田英弘は、文献の伝えるところだけではなく、歴史時代に実在した夏人の都市は、すべて秦嶺《たいれい》山脈の舟が着ける場所にあると指摘している。彼らは水と竜に関係の深い東南アジア系の人びとだと言う（『ちくまライブラリー73　世界史の誕生』筑摩書房）。

中国の歴史を俯瞰《ふかん》すると、農耕民族（漢民族）と遊牧民族の葛藤と融合、遊牧民族の侵入と国土の分裂、南方の異民族とのつながり、そして漢民族による再統一と括ることができそうだ。

問題は、漢民族に他者と仲良く暮らすという発想がなかったことにある。漢民族は現代中国の人口の約九二パーセントとされている。世界最大の民族でもある。新石器時代から続き、黄河文明を築き上げた。五胡十六国《ごこじゅうろっこく》時代に華南《かなん》に移動した人びともいたが、結局中国の大地から異民族を駆逐し、中心勢力になったわけだ。

遺伝子的にも、漢民族には大きな特徴があることが証明されている。母から子に伝わるミトコンドリアDNAは多様性に富むが、父から男子に伝わるY染色体のハプログループは「O系統」が他を圧倒している（約八割）。これはどういうことかというと、戦争や侵略によって勝者になると、他民族の、男性を皆殺しにしてしまったか、追い払ってしまったことを意味している。共存を拒否したわけだ。

これは余談だが、東洋史学者・桑原隲蔵《じつぞう》は、中国では人肉を食べると指摘している。九世紀の唐《とう》の後半期の風俗習慣をアラブ語で記録した『印度支那物語』に漢民族には食人肉の風習があったと記されていることに触れ、その真偽を多くの漢籍をひもとき、裏付けている。

たとえば紀元前七世紀、斉《せい》の桓公《かんこう》が「人肉を食べたことがない」と話したことを知った王室の調理人は、自分の子を殺して蒸して献上したという。また地方の都督《ととく》が皇帝に逆らった場合、都督は首を刎《は》ねられ、食べられてしまうこと、支那人は刀剣で殺害された人の肉を食べてしまうという記録などがある。

また、地方の都督たちは、他の都督を滅ぼして、所領を奪い、土地を荒らし、住民を食べ尽くしたとある。桑原隲蔵は、中国人自身が書いた古典から、同様の記事を羅列し、「支那人が古来人肉を食用した事実に就いては、何等の疑惑を容《い》れぬ」と、太鼓判を押す。漢籍に多出する罪人や敵を醢《かい》にしたとする記事は、食べてしまったからだろうという（『桑原隲蔵全集 第2巻 東洋文明史論叢』岩波書店）。恐ろしい話だ。

なぜ漢民族は違う民族と共に生きようとしないのだろう。恭順《きょうじゅん》する者だけには鷹揚《おうよう》な態度を示すのはなぜなのか。

ここで「中華思想」というキーワードが浮上してくる。

武力では勝てないが文化では勝っている？

黄文雄は中国人の信仰は儒教や道教ではなく、中華思想だと指摘している。異民族に何度も征服されても、そのたびに再建、再生できたのは、中華思想があったからだと指摘する。

さらに、儒教や道教は世俗的だが、中華思想こそ、一番一神教的だと言う。自己中心的で、自国中心的で、天下中心主義的天下国家観が生まれ、独裁体制も生まれた。「中心主義的意識から生まれた唯我独尊の意識は、自然的に優越意識が生まれ、この優越意識から生まれた種族意識が華夷思想である」（『中華思想の嘘と罠』ＰＨＰ研究所）として、中国人中心、中国中心の意識から派生したのが中華思想だと論じているのである。

もっとも、漢帝国以後の漢民族の王朝は、宋《そう》（九六〇～一二七九）と明《みん》（一三六八～一六四四）だけで、それでもなお、漢民族が中華思想に固執したのはなぜだろう。

『世界史の誕生』（筑摩書房）の中で岡田英弘は、中国人のアイデンティティと中華思想にまつわる興味深い解釈を加えている。

中国はもともと皇帝を中心とした世界だった。皇帝の定めた漢字を用い、皇帝の治める都市に住み、出身や人種は関係なかった。「中国人」（漢民族）という意識もない世界だった。

ところが五胡十六国の乱が勃発して西暦三一六年に晋《しん》が滅び、皇帝制度は一度なくなった。遊牧民の王朝が続き、漢民族は被支配階級に没落した。隋《ずい》や唐も鮮卑《せんぴ》の王朝で、その後もトルコ系の王朝が続いた。ようやく漢民族の王朝が再建できたのは宋の時代だが、遊牧帝国のキタイ（契丹人《きったんじん》）に圧迫されて、中国南部に逃れざるを得なかった。

この時、漢民族の住むべき北側の地域を夷狄の政権（遼。キタイ）が支配し、中国に皇帝がふたり立った。「正統」の観念に反し、漢民族の自尊心を大いに傷つけていた。だから、名誉回復が求められたのだ。

そこで岡田英弘は『資治通鑑《しじつがん》』に注目している。宋の政治家・司馬光《しばこう》が記した歴史書で、戦国時代から前後十六王朝にわたる一三六二年間の編年体《へんねんたい》の歴史書である。『資治通鑑』は、次のように述べる。すなわち、晋王朝（『三国志《さんごくし》』の魏の後釜《あとがま》）が滅び、宋王朝が登場するまでの非漢民族系の王朝にあって、漢民族がいかにアイデンティティを再建しようとしていたのかが、記されている。漢民族は武力では異民族（夷狄）にかなわないが、文化面では優れていると主張した。「中国人」は、こうして漢民族を指すようになり、これが中華思想となったというのである。

ただし、どのような社会でも、支配層は豊かで、文化的にも優れている。だから岡田英弘は、支配された漢民族が支配する異民族よりも文化面においては優れていたとする発想そのものが、「病的な劣等意識の産物」と喝破している。

さらに、『資治通鑑』は南北朝時代についても漢民族の宋（南朝）の国の年号を使い、宋が正統で、鮮卑の北朝の皇帝をニセものとみなし、中国を支配する正当性は南朝にあると主張する。

司馬遷《せん》の『史記』が「中国」という世界観を定義したのに、『資治通鑑』は「種族観念」を植え付けてしまったと岡田英弘は考えた（前掲書）。中華思想と正統主義がつながったことで、漢民族の誇大妄想が昂進《こうしん》されてしまったようなのだ。

なるほど、中華思想が誇大妄想という指摘は、大いに納得できる。

弱さと恐怖心が生み出した中華思想

漢民族が文明を発展させ、森を失ったことで、騎馬民族が自由自在に、そして嘲笑《あざわら》うように、中原を走り回ることができるようになってしまった。騎馬軍団は攻めては退《ひ》き、退いては攻めかけてきて、厄介だっただろうし、森を失った漢民族には、勝ち目はなかったのだ。その恐怖心から、無駄な万里《ばんり》の長城《ちょうじょう》を、常軌《じょうき》を逸《いっ》した形で造っていったのだろう。

さらに、漢民族の「弱さ」が逆に作用して、「他民族はとことん排除する」「制圧すれば、殲滅《せんめつ》する」という文化が生まれたのではなかったか。怖いから過剰な反応を示すのだと思う。中華思想とは、「弱く脅えた者が強く鷹揚なふりをしているだけ」だったのではあるまいか……。

こうして、中華思想を解くヒントを得たが、さらに深く、中国人の思想や文化についても考えておきたい。

戸川芳郎は中国思想の特徴を、「人倫規定と教学思想の豊かさ」に求めている。「人倫規定」とは、人間関係論のことで、「教学思想」は、聖王や聖人を真理の源泉として、また、人格を超越する天や道といった観念を存在原理とし、政治道徳の実行を目指すという。しかもこの思想を貫いているのは、儒学《じゆがく》思想（仁義道徳、倫理学）と老荘《ろうそう》思想（天地自然）の二本の柱で、統治者や官僚が民衆を治める際の「政術」である。

その思想は抽象的ではなく、事象に寄り添った秩序の論理であり、人の世界は天の自然の運動原理（物質的自然から考案された陰陽五行の示す円環運動。天の道）に照応し感応し合う関係にあり（天人合一《てんじんごういつ》）、人間はこの「天の道」に随順する必要があると説く。

つまり、中国の思想は、「社会・人間とりわけ政教世界の不安を解決しようとするところの、人間関係論を主軸とする」と言うのだ（『古代中国の思想』岩波現代文庫）。

ここにある「天の自然の運動原理」について、少し補足しておく。

紀元前三世紀前半に、鄒衍《すうえん》が五徳説《ごとくせつ》（五行思想《ごぎょう》）を唱えている。火・水・木・金・土の五種類の元素（徳。エネルギー）が、交替していくという発想だ。これを秦の始皇帝が採用し、過去の黄帝《こうてい》をはじめとする五帝を「土徳」と捉え、次の夏王朝を「木徳」、殷王朝は「金徳」、周王朝を「火徳」と考えた。周から交替した秦の王朝は「水徳」と信じた。そして、この世の宇宙のサイクルは、秦が最後で「水徳の秦王朝」がいつまでも続くと考えたわけである。

そして、それまでの「王」の称号は「皇帝（照りかがやく天の神）」になった。「水徳の王朝」は、永遠に続くと信じたのだ。ところが、秦は、二世の代であっけなく滅びてしまい、漢が誕生する。

漢の高祖劉邦《こうそりゅうほう》は秦の制度を継承した。ただ、次第に、五徳のサイクルは水徳で終わったのではなく、循環するのではないかと考えられるようになった。水徳のあとは土徳に戻るのであり、それなら王朝交替の大義名分も整う。そこで、漢の武帝《ぶてい》の時代に漢の王朝は「土徳」であることを確認し、最初の黄帝（土徳）の事跡を投影し、土徳の時代を礼讃したのである（『世界の歴史（2）中華文明の誕生』尾形勇・平勢隆郎著／中央公論社）。

こうして見てくると、中国の信仰や思想は「処世術」「生きるテクニック」「権力を握る大義名分」を求めているにすぎないのではないかとさえ思えてくる。

五徳説（五行思想）も、天や大自然（あるいは宇宙）の移り変わりを図式化していて見事な理論と思うが、それを主に処世術に用いているところに、「中国人らしさ」を感じてしまうのである。中国文化は物質と技術（技巧）で成り立っているのではあるまいか。

中国を考える上で大切な南北の文化の差

中国を考える上で一つ大切な要素がある。それは南北の差だ。

中国の文化や習俗、生業、農産物は南北で異なる。もっともわかりやすい言葉に、「南《なん》船《せん》北《ぼく》馬《ば》」がある。華南は長江（揚子江《ようすこう》）や湿地帯を船で往来していたが、華《か》北《ほく》は馬で移動することが多かった。また、紀元前二世紀に記された思想百科全書『淮《え》南《なん》子《じ》』に、南方の船の文化を担っていたのは「越人」で、北の馬の文化は「胡《こ》人《じん》」が担っていたと記されている。

南方の越人は、交《こう》趾《ち》（北ベトナム）から会《かい》稽《けい》（浙《せっ》江《こう》省東部沿岸部）に至る地域で暮らしていた人びとだ。

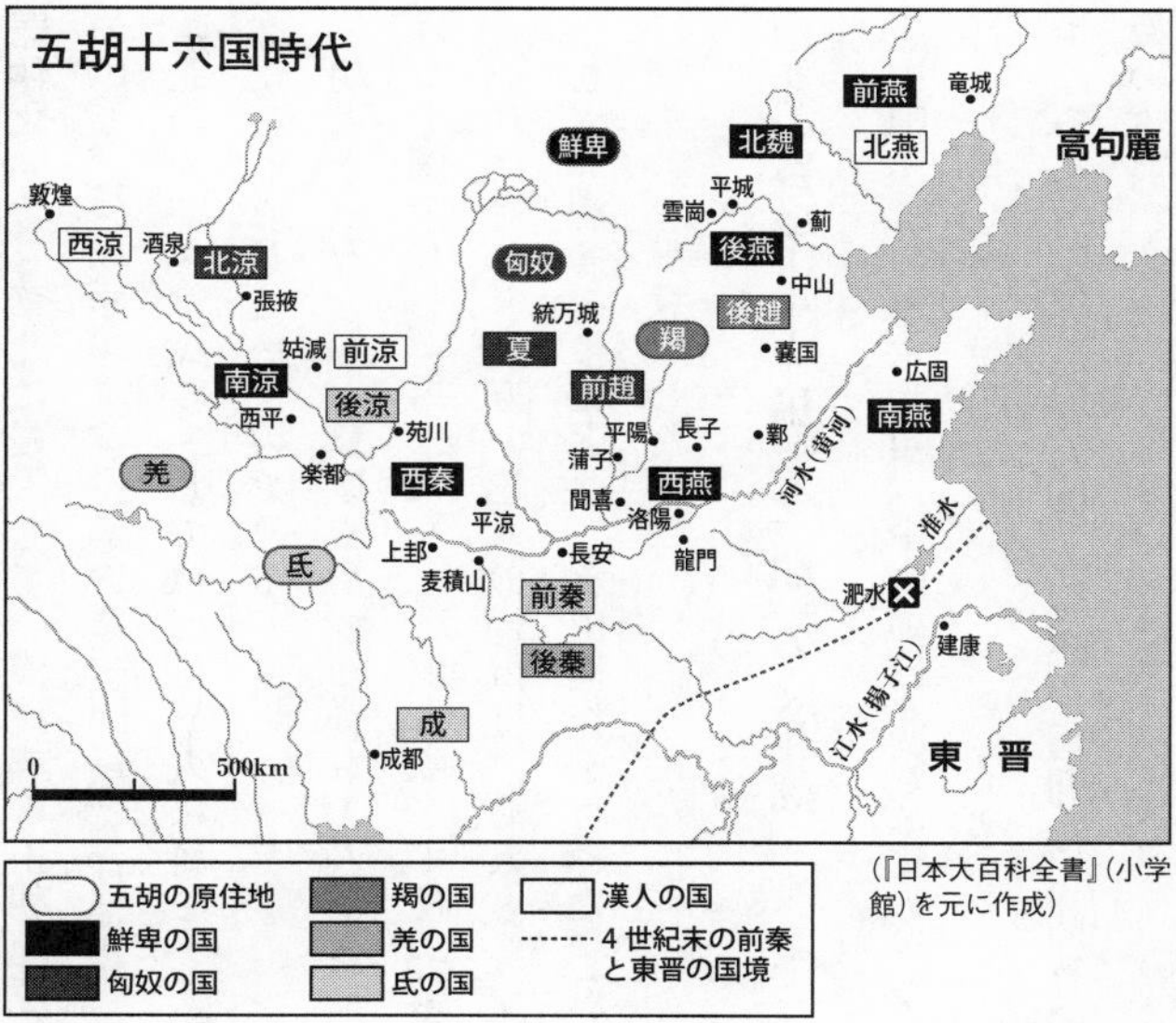

(『日本大百科全書』(小学館)を元に作成)

一方、北方の「胡人」とは何者だろう。秦や漢の時代には騎馬民族・匈奴《きょうど》を意味していたが、三世紀以後の魏晋南北朝時代に至ると、北西方の騎馬民族を指すようになった。なぜ漢民族ではなく、胡人が北の文化の中心に立っていたのだろう。

紀元前三世紀末、秦王朝を滅ぼして漢王朝を創始した劉邦は、最強だった匈奴の馬の文化を積極的に取り込んでいった。三〇四年の前趙《ぜんちょう》（漢）の建国から四三九年の北魏の華北統一までの時代を五胡十六国と呼ぶが、五胡は匈奴・鮮卑・羯《けつ》・氐《てい》・羌《きょう》、五種の騎馬民族を意味する。漢民族の王朝が混乱し弱体化すると華北に侵入して、漢民族の王朝を圧迫し、南方に追いやった。歴代中国王朝の中で、漢民族が皇帝に立った時間は、意外に短いのだ。ほぼ、異民族に支配されている。華北の人びとは民族としてはほぼ胡人に属し、そんな人びとが主体となって、華北の馬の文化を形成していたのである。

胡人とはもともと草原や平野に暮らす人びとだ。牧畜が主な産業で、麦を栽培し、肉とパンと麵を食し、馬に乗り、戦闘に際しては「騎射」を得意とした。

これに対し、南方の越人の習俗は、胡人とまったく異なる。海に注ぐ大河川を生活の場にして、漁撈を生業とし、水田稲作を行った。魚と米を食し、船で移動した。戦争になれば、水戦を得意とした。

南北の違い――「馬」と「船」の文化圏

中国学者の福永光司は中国の南北の文化の差を「思想信仰」という視点から、一〇の項目に分類して、説明している（『「馬」の文化と「船」の文化』人文書院）。これを要約しておく。ちなみに、「馬」の文化圏の思想や信仰は、儒教の古典から、「船」の文化圏のそれは、道教の古典から主に考察されている。

①日輪［おひさま］を男性と見るか女性と見るか
【馬の文化圏】日輪は「太陽」と呼び、男性とみなしている。

【船の文化圏】道教の古典『老子《ろうし》』に、「道」「天道」は「万物の母」とある。「お天道様《てんとうさま》」の「天道」で、日輪を母や女性に見立てている。
②右と左のどちらを上位にするか
【馬の文化圏】右を上位に持ってくる。服も右衽《うじん》（右襟を上）だ。
【船の文化圏】左を上位にする。服も左衽《さじん》（左襟を上）だ。
③偶数と奇数
【馬の文化圏】倍数＝偶数を重んじる。
【船の文化圏】奇数を重視する。
④日常会話の漢字の発音
【馬の文化圏】語尾が母音系で終わる「平《ひょう》」的な発音。
【船の文化圏】語尾がつまった子音系で「仄《そく》」的な発音が用いられる。
⑤処世態度において、直線的か曲線的か

【馬の文化圏】直線的。

【船の文化圏】曲線的。「直」よりも「曲」の処世の方が安全と考える。
⑥日常生活における実践倫理として「剛毅《ごうき》」と「柔軟」のいずれを重要視するか
【馬の文化圏】『論語《ろんご》』や『礼記《らいき》』に、剛毅なことが儒教の理想的人間像と記されている。

【船の文化圏】『老子』には、「水よりも柔弱なものはないが、しかし剛毅を攻めるのに、これ以上のものはない」と書かれている。「柔弱」「柔軟」な処世術が大切だと言う。
⑦賢明と愚暗
【馬の文化圏】賢さ、賢明さが尊ばれる。

【船の文化圏】君子は大いに徳があっても、容貌は愚かに見えるとある。
⑧有為《うい》と無為《むい》
【馬の文化圏】儒教的な倫理道徳を積極的に実践する。人間が積極的にものを造っていくことを重視した。有為。

【船の文化圏】「無為」「無欲」を重視。儒教的な「有為」の統治に対して、無為無欲の政治を主張した。

⑨父系社会と母系社会
【馬の文化圏】父系社会。男尊女卑。

【船の文化圏】『老子』には、女性の優越性と母系の永遠不滅性が説かれている。
⑩「道《タオ》」の世界（人間の生命の原郷。道から産まれて死んで道に戻る）を「天地上下」の垂直線上に想定するか、「四方八方」の水平線上に想定するか
【馬の文化圏】人は死ぬと天に霊魂は帰る。垂直線上の「天」が、生命の原郷。

【船の文化圏】人は海に入って三神山（蓬莱《ほうらい》・方丈《ほうじょう》・瀛州《えいしゅう》）を求めるべきだと説く。水平線上の海原や地平に生命の原郷を想定する。


この一〇点を挙げた上で、福永光司は、次のようにまとめる。

「馬」の文化と儒教は結合し、すべての人間を家族制度と国家組織の中に組み込み、国を治めるための人の道＝秩序を重視する。かたや「船」の文化と老荘道教《ろうそうどうきょう》は結合し、「道（天の道）」の前で万人は平等で、「人の倫理」よりも「天・自然」を尊重していると解説するのである。

ならば、どちらが本当の中国の姿なのだろう。中国人の意識の中では「馬」の文化が中

心に立っているようだ。

東魏《とうぎ》の楊衒之《ようげんし》の記した『洛陽伽藍記《らくようがらんき》』に、中国の北と南の意識の「分断」が描かれている。六世紀の北側（華北）の人びとが抱《いだ》いていた南側——華中《かちゅう》や江南（浙江省と江蘇《こうそ》省の一部）の人びとに対する優越感がひしひしと伝わってくる。「土地は湿地が多く、虫けらどもが群がり」「ざんばら髪の君には長者の相なく、入墨《いれずみ》の民は貧相な体つき」「呉人《ごじん》の亡者、建《けん》康《こう》（現在の南京《なんきん》）に住まいし、ちっぽけな冠帽《かんぼう》に、ちんちくりんの着物」「中洲《なかす》のところで、魚に網うち、すっぽん掬《すく》い、菱の実・蓮の根に齧りつき、鶏頭《みずふき》を採り歩いて、蛙や蚌《あさり》の吸物の御馳走」などなど、慇懃無礼に南の習俗を揶揄《やゆ》している。北の黄河流域こそ中華文明の中心という意識があったからだろう。

こうやって見てくると、日本人の感性は、中国の南側の人びとと通じているように思えてならない。われわれ日本人から見れば、中国南部の嗜好や食習慣は、むしろ親しみ深いものに思えてくるのだ。少なくとも、日本列島人の根底にある縄文的な精神は、北側の人びとの儒教的発想とは相容れないのである。

漢民族は黄河流域で誕生して、勢力圏を拡大していった。彼らは黄河文明の申し子たちで、漢民族のアイデンティティは、北側に偏《かたよ》っていたのだろう。

中国の正義は〝義〟との合致

もう一つ、「中国」を知る上で大切なポイントを押さえておこう。それが、中国における「礼」と「法」の関係のことなのだ。

古い歴史を持つ中国は儒教の国であり、法律もローマ法に比肩できるほど、大昔から整備されていた。それにもかかわらず、現代の中国は、簡単に約束を破るなど、無法で無礼な行動を採る。ここに違和感を感じる日本人は少なくあるまい。中国史学者の冨谷至は、その謎を解くヒントが、「礼」と「法」だと言う（『中華帝国のジレンマ礼的思想と法的秩序』筑摩選書）。

西側の法治国家における司法裁判の公正さを象徴するのは、目隠《めかく》しをして剣と天秤を持つ「正義の女神」である。司法の世界では公正こそ正義なのだが、中国の古典を見渡す限り、「正義」の二文字はほとんど出てこない。ただし「義」の一文字なら、『論語』その他に無数に登場する。ただし、「義」は「正義」を指しているのではないようなのだ。中国の「義」は、「justice」と同一ではない。

人を殺す正義などあってはならないが、「義のために人を殺す」となれば、人は拍手喝采することがある。中国の法律は、西洋のいう「正義＝公正（justice）」ではなく、「義」によって構成されているのではないかと、冨谷至は言う。

ならば、「義」とは何か、ということになる。冨谷至の言葉を借りて結論を言ってしまうと、「中国の正義とは、公平、平等ではなく、信義、節義、忠義、孝義への合致である」(前掲書)と述べ、われわれの共通認識である「客観性をもった配分正義」には結びつかないと言う(以下、説明する)。

法に基づく政治「法治」も、中国では「徳治」であり、道徳による政治が法律による政治よりも上位に立っていると指摘する。『論語』にも、「法を用いて刑罰で罰するよりも、徳(道徳)で人を導き、礼の規範を広めれば、民は恥を知り、よい世の中がやってくる」とある。これが「徳治主義」で、「礼」を重んじる。

「礼」は、社会の秩序を保つための生活規範であり、道徳観念である。『論語』は、「礼」は何かを実践すること、行動して実行することであり、「礼」によって調和がもたらされ、義に基づく信(真心)であれば、言ったことが実行に値するのである。

人の知性の中から「孝」「信」「忠」「節」といった道徳的な人の善なる心情(仁)が表面に具現化される。これが「礼」の本質だ。「仁(善なる心情)の具現化が礼(秩序ある世界)」なのである。

その上で「義」について考えてみよう。仁を構成する「孝」「信」「忠」「節」には、「義」が結びつく。「孝義」「信義」「忠義」「節義」だ。この「義」は、「よろしく……すべし」「むべなり」であって、「〜すべき」のことで、義務や責任を意味する。つまり、「徳目《とくもく》の遂行義務が〝義〟」なのであり、西洋流の「正義」ではない。

また、「孝」「信」「忠」「節」などの徳目をまとめると「仁」になり、「仁」を重視した政治が「徳治」の「徳」であり、「法治」とは異なる統治思想ということになる。『論語』には、「徳をもって政治を行えば、北極星（皇帝）がその場にいて、他の多くの星（臣下や民）がお辞儀をするようになる」「法制を整え、刑罰をもって統治すれば、人は免《まぬが》れようとする。徳をもって礼で調整すれば、恥がわかってもらえ、正しい秩序が得られる」とある。

このように説明した上で冨谷至は、次のようにまとめる。

「徳とは、対人関係のなかでの道徳的人格の完成ともいえる内面的仁が、人民の教化、統治という対外的行動において機能する倫理的力と言ってもよいかもしれない」（前掲書）

ここに、中国人の思考や政治の理屈が見えてくる。

中国文明の本質は「欲望」

中国の儒家と法家《ほうか》は、それぞれが礼と法（律）それぞれを第一義としてきたが、根底では、つながっている。「礼（人為的規範）」によって人間の欲望を抑制して善に導くという荀子《じゅんし》の考えを基礎にして、「礼」を法律（刑罰）に書き替えることで、社会秩序を安定させようという目論見《もくろみ》が、中国の法家による法治主義だった。

ただし、中国にはもう一つ特殊事情があった。秦の始皇帝が、まず法治国家を作り上げたが、秦を倒した漢が、儒家の徳治主義を重視し、法治を否定したために、徳治と法治が対峙し、あるいは法的秩序と礼的秩序が交錯し、このあとの歴代王朝それぞれが統治システムを模索したわけである。この点、西洋と中国の「法治主義」には、大きな差が生まれたわけだ。

『史記』の「書」の「礼書第一」に、漢の武帝の礼制度を整えた時の詔《みことのり》が残されているが、そこには、『荀子』礼論の条の引用がなされていた。

「礼は人間から起きるものだ。人間は生まれると欲をもつ。欲するところがあってもそれが得られないと、いらだち怒らざるを得なくなる。いらだち怒って限度を失えば争い、争えば乱となる。古代の王となった人はその乱を憎んだがために、礼義を制定して、一方では人の欲するところを育てながら、人のほしがるものを与え、その欲望で物を求めても尽きないようにし、一方では物質が欲求のために欠乏しないようにし、欲と物と、両々相俟って長じ不足させないようにした。これが礼の起原なのである」（『新釈漢文大系（41）史記（四）八書』吉田賢抗／明治書院）

また、『漢書《かんじょ》』の「志」は『史記』の「書」に相当するが、法律や刑罰にかかわる記事に、「良く治まる時代は刑罰が重く、乱世には刑罰が軽い」、とある。つまり、人間は生まれつき「礼」が備わっているわけではなく、外からはめられた規範によって礼は作られていくという荀子の考えが反映されている。

自然（nature）としての天と人間の性《さが》（human nature）の相関関係を否定し、情欲を制御し、人間を理性的で善なる存在に導いて教化しなければならないと言う。もちろん、この発想は、儒教的な「礼の思想」「礼の規範」を大前提にしていて、西洋的な法律や、日本的な太古から続く道徳観とも、異なるものなのである。

どうやらここで大きな結論が出たようだ。中国文明の本質を知る上で、「礼」が「人間の欲望を抑えるためのシステム」と理解することで、大きなヒントを得たのだ。

中国文明の本質は「欲望」であり、それをいかにコントロールするか、どうやって民の欲を満たせるか、あるいは欲に箍《たが》をはめるかが、中国歴代王朝の最大の課題だったのである。

また、中国の「礼」は、物欲、征服欲を満たすための処世術であろう。為政者はとどまることのない民衆の欲望をいかに抑え込み、服従させ、秩序を構築し、優位性を築き、為政者の安定と富を保証しようとした。つまり「礼」は統治のための手管《てくだ》であり、それは皇帝の権力欲を叶えるための方法論でもある。

中国を突き動かす原動力は、「欲」である。

第二章

日本の神話時代と古代外交

欲のない人びとがヤマト建国の立役者?

人間や動物には、欲望がある。欲望がなければ生きていけない。そして中国では、人間の際限のない欲望を法的秩序によって抑え込もうと考えた。なるほど、と理解できる。さすが世界一の文明の国である。

なぜ歴代中国王朝が「欲望」を法的に縛り付けなければならないかというと、漢民族の「欲望」が、社会の安定を傷つけるほど強いからだろう。

一方日本では、中国では考えられないような事件が起きていた。それが、ヤマト建国であり、欲望が欠如していたから成立した奇怪な事件でもあり、また日本では、「欲望をさらけ出すことは恥」と感じる文化がある。ここに日本と中国の間に横たわる大きな溝を感じる。

そこで、中国と日本の文化の違いを知るためにも、今度はヤマト建国及びヤマトと朝鮮半島の関係について考えてみたい。

ヤマト建国は不思議なできごとで、富も権力も持たぬヤマトと周辺の人びとが、「文明に抗《あらが》う」ために、奈良盆地の東南の隅に集結したと考えられるようになった。「貧者の書生論的なはかない夢」だったはずなのに、一瞬で本当にヤマト建国を成し遂げてしまった事件なのである。

これは、想像で述べているのではない。考古学者が物証をかき集めて構築した新説なのだ。安っぽい空論でも机上論でもないし、飛躍した妄想でもない。考古学の成果を積み重ねた結果「そう考えなければ逆に不自然」だから生まれた仮説である。

弥生《やよい》時代後期の日本列島でもっとも栄えていたのは北部九州だった。朝鮮半島に近く、壱岐《いき》、対馬《つしま》という渡海するための止まり木があって、朝鮮半島南部の鉄の産地との間を自在に行き来していたのだ。

朝鮮半島最南端の交易の拠点になった金海《きんかい》地域には、今のような平野がなかった（海岸線は奥まっていた）。一帯は鉄の交易によって栄えていたが、大平野を持つ北部九州から穀物が輸入されていた可能性が指摘されている（田中史生『国際交易の古代列島』角川選書）。運搬したのは、対馬の海人《あま》だと言う。

「魏志倭人伝《ぎしわじんでん》」には、対馬には良田がなく、南北に市糴《してき》して（交易で）生きていると記される。朝鮮半島南部の鉄を北部九州にもたらし、穀物と交換していた様子が見てとれる。また、金海の遺跡から見つかった船舶部材は、三世紀から四世紀の日本産とわかって、他の伽耶《かや》地域からも、六世紀初頭の日本産と思われる樟《くすのき》製の船の部材が見つかっている。穀物や材木が、鉄と交換されていた可能性は高く、また「倭韓交易には両地の経済的なつながりや相互依存状況がよく示されている」（前掲書）という。

鉄器の保有量は北部九州が断トツで、さらに、山陰地方、北陸地方（要するに日本海沿岸部）と、吉備《きび》（岡山県と広島県東部）にもたらされていた。問題は、近畿地方南部（ヤマト周辺）と東側の地域が鉄の過疎地帯だったことだ。ちょうど、銅鐸《どうたく》文化圏に重なる。そして、銅鐸こそ、強い王を拒む祭器だったのである。

ヤマト建国の中心勢力は銅鐸文化圏の人びと

弥生時代の最後に銅鐸を祭器に用いた地域は、銅鐸を巨大化させていた。理由は、威信財をひとりの強い首長（王）に独占させないためで（強い王を望まなかった）、集落のみなで、銅鐸を祭器に用い、勝手に首長が墓に副葬できないようにしたのだ。北部九州のような、銅剣や鉄剣、鏡を副葬して首長の権威を誇っていた地域とは、異なる発想で、しかも「強い王を求めない地域の人びと」が、三世紀の初頭に、奈良盆地の南東の隅に拠点を作り、それがヤマト建国のきっかけとなっていく。これが、纏向遺跡《まきむく》（奈良県桜井《さくらい》市から天理《てんり》市の南端）

の誕生である。忽然と、三輪山《みわやま》山麓の扇状地に、政治と宗教に特化された都市が誕生したのだ。

纏向遺跡には外来系の土器が多いことで知られている。内訳は伊勢《いせ》・東海四九パーセント、山陰・北陸一七パーセント、河内《かわち》一〇パーセント、吉備七パーセント、関東五パーセント、近江《おうみ》五パーセント、西部瀬戸内三パーセント、播磨《はりま》三パーセント、紀伊《きい》一パーセントで、

高さ134.7センチメートルに及ぶ日本最大の銅鐸。
（弥生時代後期、滋賀県野洲市小篠原字大岩山出土）
東京国立博物館蔵
出典：ColBase（https://colbase.nich.go.jp/）

銅鐸文化圏の二つ、東海と近江を合わせると過半数に達する。北部九州の土器がほとんど流入していないことも特徴的なのだ。しかも、最初に集まってきたのは、銅鐸文化圏の人びとだった可能性が高くなってきている。また、

ヤマトを含む銅鐸文化圏の人びとは、縄文《じょうもん》時代から継承されてきたネットワークを利用して、交易を行う人びとでもあった。

考古学者の設楽博己は、ヤマト周辺の諸集団は独占的にネットワークを支配していたのではなく、互恵的な社会システムが機能していたと言う。(『考古学による日本歴史9』白石太一郎ほか編/雄山閣出版)。

また考古学者の寺前直人は、ヤマト周辺では青銅器《せいどうき》も入手可能だったのに、あえて二上山《にじょうさん》サヌカイトの石製短剣を集落の人びとが所持し、強い権力者を排除していた様子が見てとれると言う。そして銅鐸に関して、

前段階の社会秩序でもあった平等志向を維持することを目的に、この地域の人びとは青銅製武器を非実用品に変質させ、銅鈴に伝統的な文様を与えて、大型化をはかったと推定できる(『文明に抗した弥生の人びと』吉川弘文館)。

と述べた上で、近畿地方南部の人びとは、一時的とはいえ、大陸や半島からもたらされた魅力的な文明の導入に抗うことに成功した経験を持つ人びとだったと指摘している。こ

れまでにない発想であり、物証をそのまま歴史に当てはめれば、そう考えざるを得ないのである。

先史時代からたどる朝鮮半島の歴史

なぜ、不思議なヤマト建国の話をしたかというと、この事件に朝鮮半島南部がからんでいたからだ。のちに新羅《しらぎ》と伽耶となる辰韓《しんかん》と弁韓《べんかん》（弁辰《べんしん》）である。

朝鮮半島では四世紀に至り、いくつもの国が独立した。北方の騎馬民族国家・高句麗《こうくり》、南西の百済《くだら》、南東の新羅、最南端の伽耶諸国（『日本書紀《にほんしょき》』に任那《みまな》の名で登場する）となっていく。彼らは微妙なパワーバランスをとりながら、六～七世紀まで生き残っていくが、その中でも、新羅に注目すると、朝鮮半島情勢がわかりやすくなる。その前に少し、朝鮮半島の歴史をひもといてみよう。

朝鮮半島の有名な旧石器遺跡は平壌《ピョンヤン》東南のコムンモル遺跡で、二二種の動物化石と原始的な石器数点が出土している。今から五〇万年ほど前のものと思われる。前期旧石器時代の遺跡も散見できる。後期旧石器時代に入ると、新人の人骨が見つかっている。朝鮮半島南部でも遺跡と遺物が散見できる。狩猟採集を生業にした人びとだ。

沖積世《ちゆうせきせい》の温暖な気候によって海岸線が上昇すると、新石器時代が到来する（日本の縄文時代に相等する時代）。紀元前五〇〇〇年頃から磨製《ませい》石器が登場し、土器も生まれた。表面に粘土を貼って飾った隆起文《りゆうきもん》土器、口縁部に点線の模様をつけた押捺文《おうなつもん》土器だ。

紀元前四〇〇〇年頃から、新石器時代中期を代表する櫛目文《くしめもん》土器が造られるようになる。櫛の歯で掻いたような綾杉紋《あやすぎもん》の土器は、東北アジアにつながる文化だという。櫛目文土器は、平底《ひらぞこ》と尖底《せんてい》の二種類があり、深鉢形《ふかぶちがた》だ。

櫛目文土器が見つかる遺跡からは、石製の槍・鏃《やじり》・銛《もり》・錘《おもり》や、骨で作った銛・釣針などが大量に出土しており、動物やクジラ、魚介類の骨も残されている。また、日本と同じように、貝塚もある。採集生活を送っていたが、焼畑などの農耕も行っていて、生産の道具、調理器具も整っていた。新石器時代後期になると、波状文やさまざまな文様をあしらった土器が登場する。住まいも、水辺の低地から内陸部に移り、生活様式も変化し、安定していく。

紀元前十世紀に、北方文化の影響で、土器の文様が消え、無文土器が出現し、西北部では青銅器が造られた。無文土器が朝鮮半島北部から南に伝播《でんぱ》していくと、社会も変化していく。紀元前八世紀頃、中・南方の河川中域や海岸地域で水稲栽培が始まっている。また、

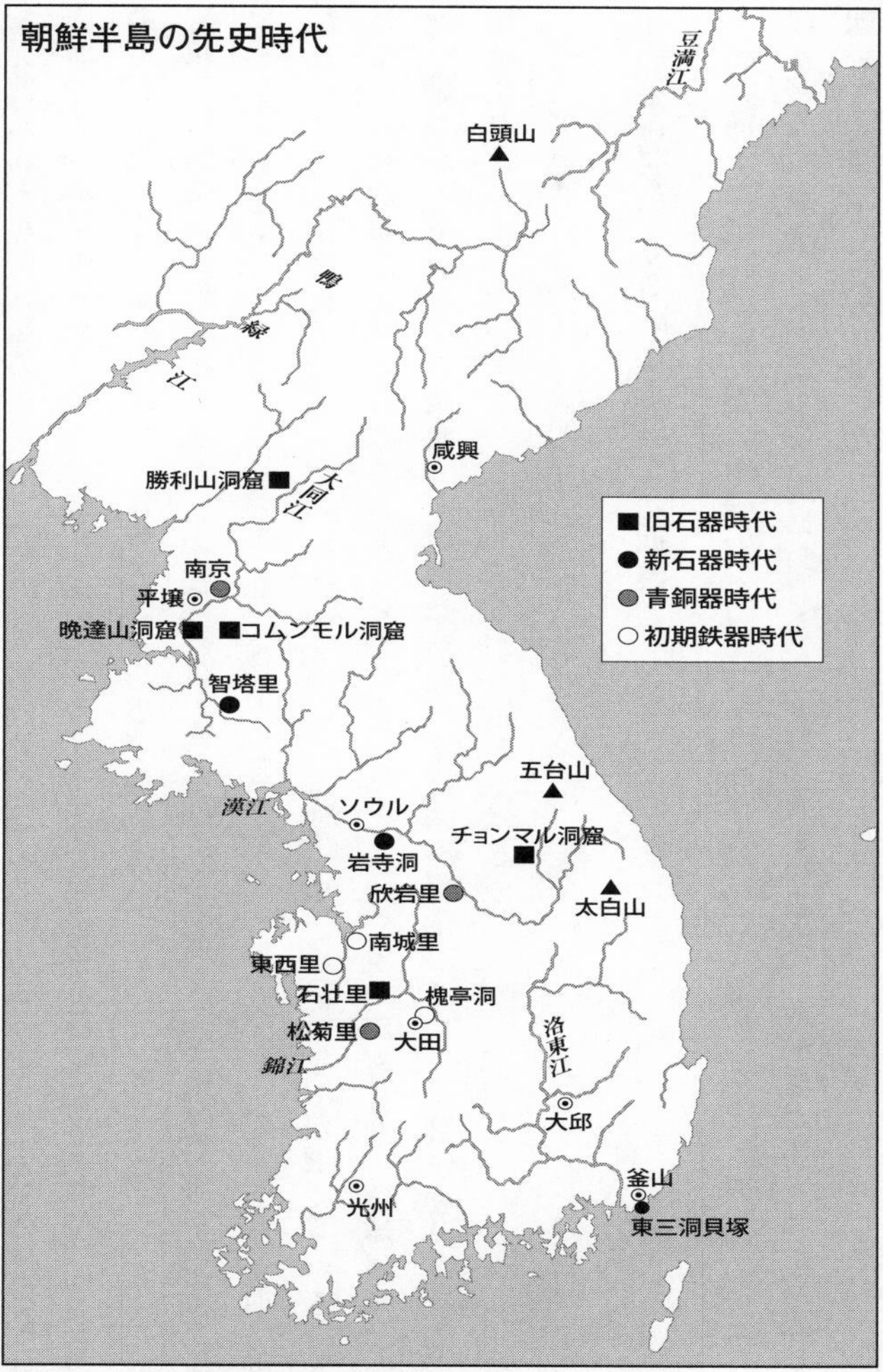

(『世界の歴史(6)隋唐帝国と古代朝鮮』(中央公論社)などを元に作成)

紀元前八〜七世紀に至ると、中・南部でも青銅器が造られる。当時の文化を代表する祭祀《さいし》儀器《ぎき》で、呪術に用いられた。墓制にも変化があり、土壙墓《どこう》（墓穴を掘って埋める）や、石室墓《せきしつ》、箱型石棺墓《はこがたせきかん》、支石墓《しせき》が出現し、司祭者的な指導者も登場している。

紀元前四〜前三世紀になると、北部で鉄器が使われるようになる。中国の燕《えん》（河北《かほく》省北部。北京の東側から遼東《りょうとう》に至る地域）の貨幣と共に鉄の道具や武器が出土する。紀元前二〜前一世紀になると、南部にも普及し、一般化する。家にはオンドル（床暖房）が備えられるようになり、社会は栄え始めたように見えるが、人口増によって争いが起こり、環壕《かんごう》集落が各地で見つかっている。首長たちが村落を束ね、小国家が誕生していく。箕子《きし》朝鮮も、この頃誕生したのではないかとする説もあるが、定かではない。

そこで話は、「箕子」と朝鮮半島に続いていく。

朝鮮半島をめぐるめまぐるしい転換

紀元前十二世紀のことだ。中国の殷《いん》の王の子・箕子は、賢人で聖人だった。周《しゅう》の武王《ぶおう》は殷が滅んだ後、箕子を敬って朝鮮に封じた。これが箕子朝鮮だ。箕子は先住の民を教化し、朝鮮半島繁栄の基礎を築いた。

大きな変化が起きたのは、前漢《ぜんかん》の時代だ。紀元前一九五年に燕の燕王《えんおう》が前漢を裏切り、匈奴《きょうど》と手を組んだ。匈奴は中国の北方のモンゴル高原を中心とするユーラシア・ステップで暮らしていた遊牧民（部族連合）で、東は穢貊《わいみやく》と朝鮮に接していた。紀元前三世紀から約五〇〇年間繁栄を誇り、たびたび中国王朝の北辺を脅かし続けた。

東アジアにスキタイの騎馬戦法をもたらしたのは匈奴で、中国もこれを学んだ。強力な武力を誇り、漢の高祖《こうそ》や武帝《ぶてい》もてこずった。結局漢帝国に敗れ、分裂してしまうが、すでに述べたように、その後も騎馬民族は中国の脅威となっていく。

話を戻すと、燕王が前漢に背《そむ》き、匈奴に降服してしまったが、燕王に仕《つか》えていた燕人の武将・衛満《えいまん》（中国人なのだが、近年韓国では、「朝鮮半島出身」と主張されている）は、身の危険を感じ、朝鮮に逃れた。これが、衛氏《えいし》朝鮮建国のきっかけになった。

ここで注目すべきは、朝鮮半島の歴史も、歴代中国王朝と北方の匈奴たち騎馬民族の圧力や騒乱と無縁ではなかったということなのだ。衛氏朝鮮はこののち前漢に滅ぼされるが、その時「匈奴の左臂《ひだりひじ》を断った」と表現されている。衛氏朝鮮と匈奴には、「中国に反抗する」という接点があったのだろう。

さて、衛満は朝鮮半島北西部に拠点を構え、前漢の圧力から地域を守ると唱え、燕の亡民や土着勢力をまとめ上げた。秦《しん》や漢の混乱によって、この地域に亡命してきた人びとは数万にのぼったと言う。

衛満は策士で、「前漢が攻めてきた」と偽り、「守る」とだまし、箕子朝鮮の王都に乗り込み、国を乗っ取ってしまった。こうして衛満は、紀元前一九四年に箕子朝鮮の最後の王・箕準《きじゅん》に代わって国を立ち上げた（都は平壌付近）。これが衛氏朝鮮で、三代の王が朝鮮半島を開拓して繁栄をもたらした。

ところが、皮肉なことに、未開の地が開けたことによって、前漢の武帝は領土的野心を抱《いだ》いてしまったのだ。紀元前一〇八年に、衛氏朝鮮は武帝に滅ぼされてしまった。そして翌年、朝鮮半島に四つの郡が置かれた（要は前漢に飲み込まれたわけだ）。その中心的存在が、楽浪郡《らくろうぐん》（現・平壌市と一帯）だった。以後四〇〇年間にわたり、楽浪郡は中国王朝の東方支配の要《かなめ》の地位を守り続ける。中国文明と文化は、楽浪郡を通じて朝鮮半島にもたらされたし、日本列島にも多大な影響を与えていく。

ただし、前漢そのものがすぐに衰退してしまったため、北方の騎馬民族・高句麗が南下してきて、前漢は遼東に後退した（じつにめまぐるしい）。また、楽浪郡の住民は、朝鮮半島南部に逃れ、小国を形成するようになった。

大国の争乱から逃れてきた者が住みつき、常に大国の侵略に脅えるのが、半島国家の宿命であり、朝鮮半島では、中国の王朝の盛衰が、大きな影響を及ぼした。中国が統一され、強大になると、北方の高句麗が中国と対峙し、中国が分裂し弱体化すると、高句麗が安心して南下政策を採ることができるようになり、朝鮮半島南部の国々が震え上がるという歴史をくり返していく。

中国の戦乱が招いた東アジア騒乱の時代

一世紀初頭、前漢末期、中国では、天候不順（寒冷化）によって食糧が不足し、戦乱が巻き起こり、人口も激減していく。混乱の末、前漢の皇族・劉秀《りゆうしゆう》（光武帝《こうぶてい》）により再興されたのが後漢《ごかん》なのだが、長続きしていない。二世紀後半には分裂し、黄巾《こうきん》の乱（一八四）で、一気に衰退したのだ。

この時代の朝鮮半島南部では、韓《かん》や穢《わい》が勢いを増し、北側の楽浪郡やその支配下の県の統制がとれなくなった。そこで、その地域の人たちの多くが韓諸国に流れこんでいる。後漢の混乱は朝鮮半島に変化をもたらし、さらにこの時、日本列島も騒乱状態に陥っている。いわゆる倭国大乱《わこくたいらん》である。

こうして、中国は三国時代《さんごく》を迎える。魏《ぎ》・呉《ご》・蜀《しょく》が鼎立《ていりつ》した（『三国志《さんごくし》』『三国志演義《さんごくしえんぎ》』の世界だ）。また、朝鮮半島では、遼東郡の豪族・公孫《こうそん》氏が楽浪郡を支配するようになった。西暦一九〇年には独立し、二〇四年には、朝鮮半島南西部の韓・穢族の圧迫を防ぐために楽浪郡を二つに分け、帯方郡《たいほうぐん》を建て、朝鮮半島南部に睨みをきかせるようになる。韓族も倭人も、帯方郡に属すようになった。

二三二年、中国南部の呉の孫権《そんけん》が楽浪郡に使者を送り、公孫氏を「燕王」に封じた。魏を挟み打ちにしようという戦略だ。公孫氏は北方に勢力圏を拡大しつつあった高句麗にも近づいている。

もちろん、魏も黙っていない。公孫淵《えん》に、味方につくよう働きかけた。二三三年、公孫淵はこれに応じ、呉の使者を斬り殺し、首を魏に送り届けた。ところが魏は、楽浪郡と帯方郡を抑え込み、公孫氏を追い詰め、二三八年に公孫氏は呉に救援を求めるも相手にされず、高句麗も攻め寄せ、あっけなく滅びた。こうして魏は帯方郡に進出したのだった。

「魏志倭人伝」には、倭国の女王（邪馬台国《やまたいこく》の卑弥呼《ひみこ》）が景初《けいしょ》二年（二三八）に使者を遣わし郡に至ったとある。実際には翌年（景初三年）の話で、郡とは帯方郡のことだ。使者は難升《なし》米《め》で、都の洛陽《らくよう》に案内され、皇帝に謁見することを許された。

皇帝は遠方からやってきたことをねぎらい、親魏倭王《しんぎわおう》となし、印綬《いんじゅ》（金印《きんいん》）を賜った。卑弥呼は魏帝の外臣《がいしん》となった。また、特別に、「汝に好物を」と銅鏡一〇〇枚（目録）を賜り、国中の人びとに見せるようにと伝えた。鏡は、翌年、帯方郡から送り届けられている。公孫氏が滅びた直後に、卑弥呼が魏とつながろうとしていたことがわかる。しかも、朝鮮半島における魏の影響力が決定的になった時点での遣使であり、ここに大きな意味が隠されていると思う。

『三国志』の世界と邪馬台国の卑弥呼がつながる瞬間である。

朝鮮半島に生まれた三つの国（三韓）

この時代の朝鮮半島の韓族は、おおよそ三つの地域に分かれていた。『三国志』東夷伝《とういでん》に、その様子が描かれている。

南西部の馬韓《ばかん》（のちに百済。騎馬民族の扶余《ふよ》族が王家を形成していたようだ）では五〇余国が併立し、それぞれが天神《あまつかみ》を祀る天君《てんくん》を立て、別邑《べつゆう》（蘇塗《そと》）で大木に鈴や鼓《つづみ》をかけ、鬼神を祀っていた。その中の大国は一万余家、小国は数千家で、人口は一〇余万戸だった。

東南部の辰韓（のちの新羅）は南部の洛東江流域の弁韓（弁辰。のちの伽耶諸国）と雑居していた。

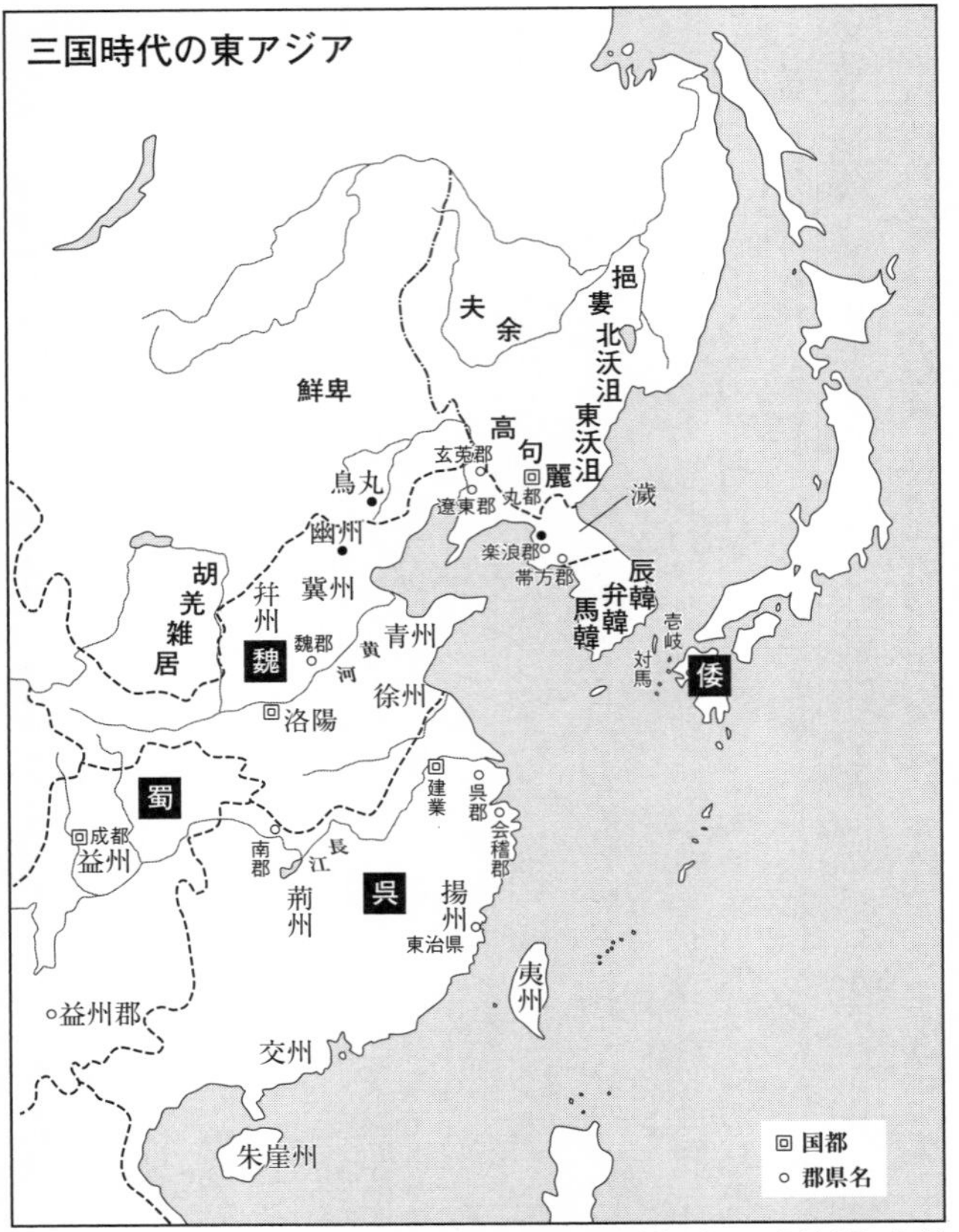

（『倭人伝を読みなおす』森浩一（ちくま新書）を元に作成）

それぞれ一二国、合わせて二四国あり、大国は四〇〇〇～五〇〇〇家、小国は六〇〇～七〇〇家、人口は合わせて四～五万戸だ。これが、三韓である。

これら朝鮮半島南部の小国家群は、一世紀の半ば頃から、楽浪郡に朝貢《ちょうこう》を始めた。これに対し魏は「邑君《ゆうくん》（次のものには邑長《ゆうちょう》）」の印綬を授け、魏の外臣であることを認めた。つまり邑君たちを冊封《さくほう》体制に組み入れたわけである。

これは余談だが、中国側は韓に対し辛辣な文明批判を行っている。馬韓北部の楽浪郡や帯方郡に近い土地では、少しは礼儀をわきまえているが、遠く離れた地域では、囚徒（囚人）や奴婢が集まったような状態だと言っている。中国の混乱からはじき飛ばされた人たちの吹きだまりという意識があったのだろう。

また、中国側の認識では、「韓」は帯方郡の南側を指していて、高句麗は「韓」ではなかったようだ。『三国志』韓伝《かんでん》に次の記事が載る。

韓は帯方（郡）の南に在《あ》り、東西は海を以《もっ》て限りと為《な》し、南は倭と接す。方四千里ばかり。

韓族の住処《すみか》は朝鮮半島南部であり、帯方郡の南側だったことがわかる。さらにその先に、倭人が住んでいた。

二六三年に魏は蜀を滅ぼすが、このあと魏も王家が入れ替わり、晋《しん》王朝（西晋《せいしん》）が誕生し、二八〇年には呉も滅びた。しかし、晋王朝内部で争いが勃発し、三〇四年に隙を突いて匈奴の劉淵《りゅうえん》が「漢王《かんおう》」を自称し、晋から独立した。ここからいよいよ、五胡十六国時代《ごこじゅうろくこく》に突入する。また、高句麗は、四世紀初頭に、楽浪と帯方の二郡を奪い取り、朝鮮半島の南部では、百済と新羅が建国された。

このあと中国に統一王朝が誕生するのは、六世紀後半の隋《ずい》の建国のことで、それまで大陸は分裂状態が続く。

邪馬台国とヤマト建国の真相

ここで、ヤマト建国と朝鮮半島情勢をあわせて考えたいのだが、まずは邪馬台国の問題を片づけておく必要がある。

なお、邪馬台国とヤマト建国にまつわる私見は、他の拙著の中で詳述しているので、概略だけ述べておく。中国や朝鮮半島と日本の関係を知るための下準備だ。

倭国の邪馬台国の卑弥呼は二世紀後半から三世紀半ばにかけて活躍している。ヤマト建国のきっかけとなった纏向遺跡の出現が三世紀初頭で、そこに箸墓《はしはか》（定型化した初期の前方後円墳《ぜんぽうこうえんふん》）が造られたのが、三世紀半ばから四世紀にかけてのこと（確定されていない）。邪馬台国とヤマト建国は一部が重なり、多くの学者は「連続している」と考える。

邪馬台国の所在地をめぐっては、北部九州説と畿内《きない》説があって、それぞれが①邪馬台国は北部九州にあって、東に移動してヤマトが誕生した。②邪馬台国の卑弥呼はもともとヤマトに住んでいて、卑弥呼の墓が箸墓にほかならない、と推理している。

筆者は、卑弥呼の邪馬台国は北部九州の山門県《やまとのあがた》（福岡県みやま市）だが、奈良盆地には「本物のヤマト（邪馬台国）」があったと考える。江戸時代の国学者・本居宣長《もとおりのりなが》が唱えた「邪馬台国偽僭《ぎせん》説」を支持しているからだ。九州の卑弥呼は、「われわれがヤマト」と偽って魏に報告し、親魏倭王の称号を獲得してしまったのだと推理する。そう思う根拠を、少し説明しておきたい。

ヤマト建国のきっかけは纏向遺跡の出現だが、すでに触れたように、最初に奈良盆地の東南部にやってきたのは、東海勢力だったようなのだ。

前述したように纏向遺跡の外来系の土器のうち、約半数が東海系なのだが、一般には「労働力として狩り出されたにすぎない」と考えられ、さらに、東海系が初期の段階でヤマトにやってきたことに関して、ほとんど無視されている。それには根拠もあった。邪馬台国畿内論者は、「魏志倭人伝」の「邪馬台国は北部九州沿岸部から南の方角にある」という記事の「南」を「東」と読み直していること、邪馬台国の卑弥呼と争った狗奴国《くなこく》が、「邪馬台国の南にある」と記されていて、それは「邪馬台国の東」と読み直さないとならないから、「ヤマトの東の東海地方」が狗奴国となってしまう。邪馬台国畿内論者にとって、この事実は厄介で、狗奴国＝東海地方が最初期にヤマトの纏向周辺にやってきたことを認めるわけにはいかないのだろう。

朝鮮半島の辰韓はヤマト建国にからんでいた

ヤマト建国は三世紀半ばから四世紀にかけてのできごとだ。倭国大乱のあとに、大きなまとまりが出現した。巨大で定型化した前方後円墳が出現し、各地の首長が、同じ埋葬文化を共有（ヤマトから許された？）することで、ゆるやかな紐帯《ちゅうたい》が生まれた。

ここで、ヤマト建国の直前の話をもう少ししておこう。

二世紀後半の日本列島には、稲作には適さない山上や丘陵上に高地性集落が無数に造られた。軍事的目的と考えられ、中国の歴史書にも「倭国大乱」と記録されていて、それを

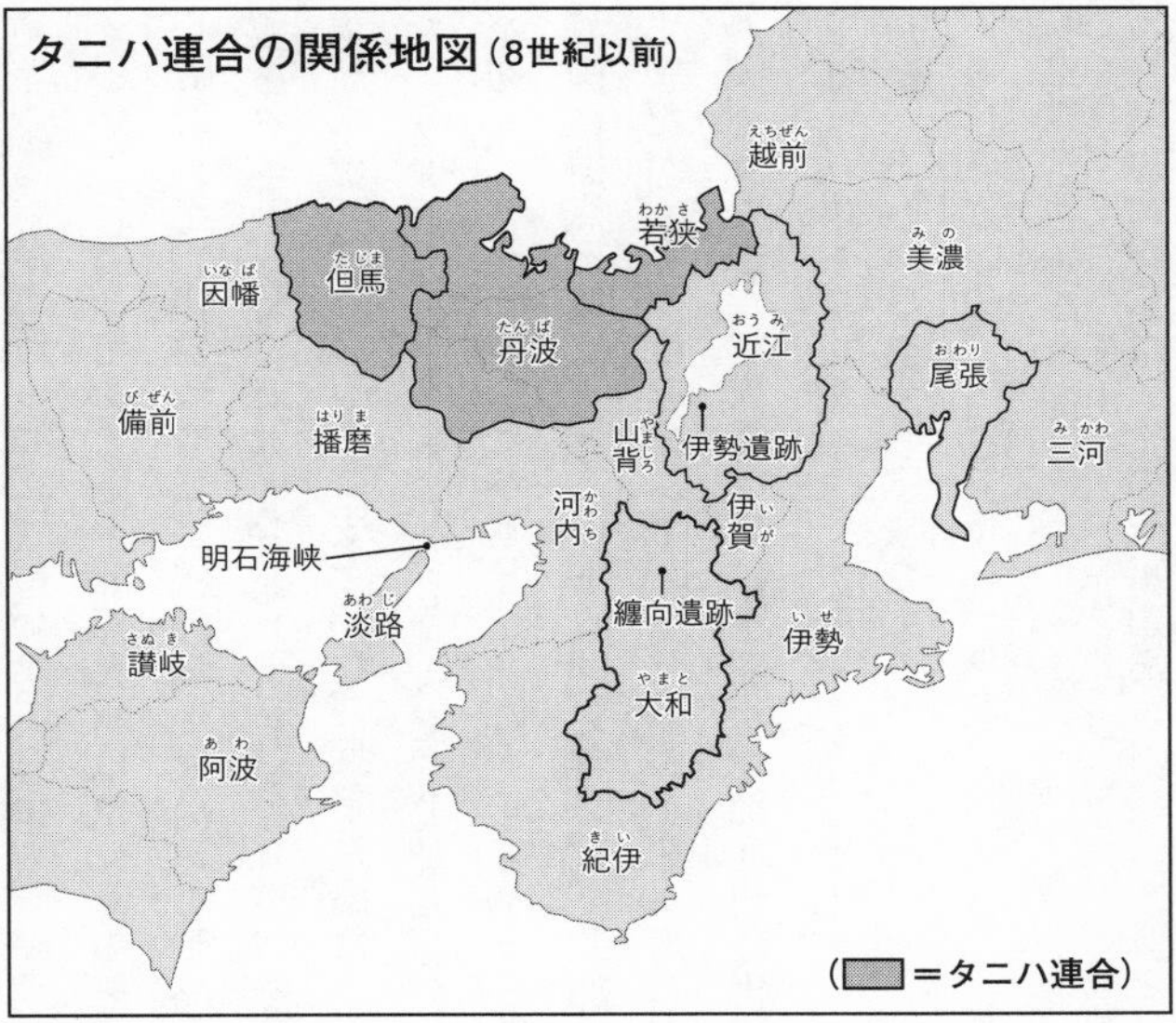

タニハ連合の関係地図（8世紀以前）

収拾する形で、ヤマトに人びとは集まってきた。

奈良盆地は縄文時代から東と強く結ばれた地域で、稲作が九州から東漸してきた時も、ここで呪術を用いてくい止めようとした痕跡が残っている。奈良盆地は西に突き出た〝東〟であり、〝西〟からの侵入者をくい止める地形を有している。

それにしてもなぜ、日本列島は緊張状態にあったのだろう。それは、後漢が衰退し、東アジアのパワーバランスが崩れたからだ。後漢の後ろ盾、虎の威を借りていた北部九州の奴国《なこく》（福岡県福岡市と周辺）の権威は失墜し、鉄の（流通ルートの）争奪戦も始まっていた。だから、ヤマト建国への気運が高まっていった。

ついでに言っておくと、北部九州はヤマトやその東側には鉄を流さないと方針を固めていたようで、出雲《いずも》、吉備、淡路島《あわじ》を囲い込む戦略を立てていたと思われる。ところが、出雲とタニハ〔但馬《たじま》、丹波《たんば》（八世紀以降は丹波と丹後《たんご》）、若狭《わかさ》〕が反目して、タニハが銅鐸文化圏（近畿地方南部と近江、東海）と手を結び、反撃に出た。出雲を圧迫し、明石《あかし》海峡争奪戦に勝利したようなのだ（拙著『海洋の古代日本史』ＰＨＰ新書）。このため、吉備と出雲は北部九州と手を切り、ヤマト建国に参画した。こうしてヤマト政権は、北部九州沿岸部になだれ込んで奴国に拠点を構えた。ヤマト建国と言えば、北部九州の強い王家が東に移ったと信じられてきたが、実際はその逆で、ヤマトが北部九州の富と流通ルートを奪いにいったことがわかってきたのだ。大量の東の土器が北部九州に集まっていた。人びとが土器を背負って移動し、九州に押し寄せていたわけだ。こうして、日本列島の大部分を占める連合体が出現した。いわゆるヤマト建国である。

そしてこの時、朝鮮半島の一つの地域も、ヤマト建国にからんでいた。それが、辰韓（のちの新羅）である。

『三国志』韓伝に、次の記事がある。

「辰韓の老人たちは、代々次のように伝えてきた。昔の亡人（逃亡した民）は、中国の秦の役《えき》（労役、使役）に耐えかねて韓国に逃げ、馬韓（百済）はその東側の土地を割《さ》いて、与えたのだと」だから、辰韓（以下「新羅」）の人たちの言語は馬韓（以下「百済」）と異なり、話し言葉に秦人のものに似ているところがあるという。

この辰韓の「けっして恵まれていなかった立場」が、ヤマトにも影響してくる。

タニハと新羅は同じ悩みを抱《かか》えていた

なぜ百済の人びとは中国の亡人に「東に行け」と言ったのだろう。

地政学的に見て、朝鮮半島の東南部は閉ざされた土地だった。新羅が発展するには、中国との交流が求められる。ところが、通行する道がなかった。新羅の北側には騎馬民族国家の高句麗が陣取り、強大な軍事力を誇っていた。西側は「永遠のライバル」となる百済が壁を作り、ならば海路で往き来できるかというと、朝鮮半島の東海岸は、天然の良港が少なく、さらに船を漕《こ》ぎ出したとしても、朝鮮半島最南端の弁辰（以下「伽耶」）と北部九州沿岸部は、強く結びついていて、しかも優秀な海人たちが、制海権を握って自在に彼我《ひが》を往き来していた。古代の航海は、海岸線に張り付くようにして安全を優先したから、伽耶と百済の海岸線を通る必要があったが、これを簡単に許してもらえるわけではなかった。新羅は閉じ込められた土地であり、長い間、貧しい生活を強《し》いられることになった。だからこそ、亡人に、この土地があてがわれたわけだが……。

しかし、新羅は「同じ悩みを抱える人たち」の存在に気づいたのだ。それは、伽耶と北部九州をつなぐ貿易の道からはじき飛ばされた日本海側のタニハや銅鐸文化圏の存在である。

銅鐸文化圏の人びとは縄文文化の香りを残し、事実、縄文時代から続く流通ネットワークを維持していた。鉄器の保有量も少なく、弥生時代後期の「出遅れ組」だった。ところが、タニハが出雲の圧力に対抗するために、銅鐸文化圏と手を組み、先進の文物を流し、同地域の発展を促したようだ。その目的は、出雲の向こうの北部九州が独り占めしていた航路を（できれば）奪いたかったからだろう。玄界灘《げんかいなだ》と日本海を勝手に利用できないことがタニハの弱点であり、新羅と同じ悩みを抱えていたわけである。

タニハと新羅のどちらが近づいていったのかはわからない。しかし、両者は手を結び、出雲や北部九州を圧迫し始めていた可能性が高い。そして、ヤマト建国の大きなファクターの一つに、新羅が組み込まれていたと思われる。

そう思う最大の原因は、神話のスサノヲ（素戔鳴尊《すさのをのみこと》）である。

日本神話の貴神・スサノヲは新羅からやってきた？

『日本書紀』神話の話を少し取り上げておこう。スサノヲはアマテラス（天照大神《あまてらすおおみかみ》）の弟で、天上界（高天原《たかまがはら》）で大暴れしたために、追放されて出雲に舞い下りる。

『日本書紀』神話には、本文の他に「一書《あるふみ》〜」と、異伝がいくつも載るが、その中に「スサノヲは天上界から最初新羅に舞い下りた」という話がある。新羅のあとに、出雲にやってきたというのだ。

このことから、スサノヲは新羅系の渡来人《とらいじん》ではないか、と推理されることもある。また、『出雲国風土記《いずものくにのふどき》』には、国引き神話が残されていて、新羅の余った土地を引っ張ってきたという話があって、出雲も新羅系渡来人に席巻《せっけん》されたのではないかと疑われることがある。しかし、朝鮮半島で生き残るのに必死だった新羅が、周囲の国に攻め込まれる危険を承知の上で、日本列島に侵略できるほどの力を持っていたとは思えない。

長い間、古代日本は渡来人に侵略されたと信じられてきた。また、縄文的な文化や習俗は原始的で野蛮とみなされてきた。日本の文化はほとんどが中国や朝鮮半島からもたらさ

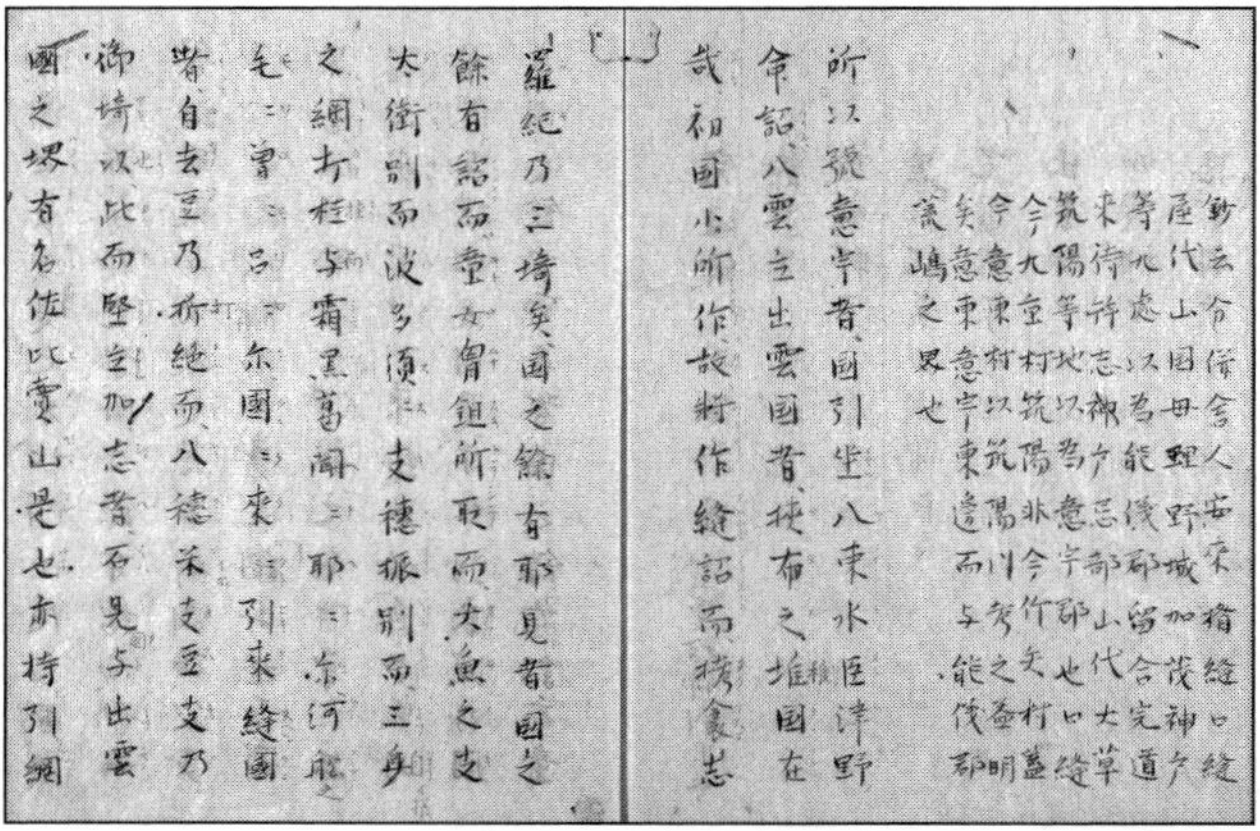

所以號意宇者國引坐八束水臣津野命詔八雲立出雲國者狹布之堆國在哉初國小所作故將作縫詔而栲衾志羅紀乃三埼矣國之餘有耶見者國之餘有詔而童女胸鉏所取而大魚之支太衝別而波多須々支穗振別而三身之綱打挂而霜黑葛闇々耶々爾河船之毛々曾々呂々爾國々來々引來縫國者自去豆乃折絶而八穗米支豆支乃御埼以此而堅立加志者石見國與出雲國之堺有名佐比賣山是也亦持引綱

『出雲国風土記』意宇郡条に載る「国引き神話」。
出典：神宅臣全太理〔勘造（編集）〕ほか『出雲國風土記４巻』〔写本〕意宇郡条より。
国立国会図書館デジタルコレクション
https://dl.ndl.go.jp/pid/2568257（参照 2023-05-16）

れたと考えられてきた。そう推理することを進歩的とみなしていた。また、渡来人が稲作を普及させたと信じていたのである。

しかし考古学は、次第に縄文文化が日本人の三つ子の魂を形成していることを明らかにしつつある。稲作も、縄文人が選択していたこと、炭素14年代法によって、稲作を始めた年代も、紀元前十世紀後半までさかのぼる可能性が高くなり、「あっという間に稲作が日本列島中に広がった」わけではなかったこともわかってきた。東への伝播はゆるやかで、多くの壁を乗りこえなければならなかったこと、何度も揺り戻しを起こしていて、縄文的な文様が施された弥生土器も、出土していた。

また、「明確な形の弥生文化は、北部九州と朝鮮半島南部に成立したにすぎない」と考えられるようになってきたのだ。日本語も、すでに縄文時代に基礎が固まっていたと考えられるようになってきた。渡来人が日本列島を圧倒していたら、言語も変わっていただろう。

強い渡来系の王が北部九州からヤマトに移動して征服したという仮説も、もはや受け入れることはできない。だから、スサノヲが朝鮮半島に舞い下りていたという神話だけで、この神を新羅系とみなすことはできないのである。

神話の中でスサノヲは新羅に舞い下り、「私はここに住みたくない」と言って、日本に渡ってきている。そして出雲建国の基礎を築いていく。

これが弥生時代後期（紀元一〇〇～二〇〇年前後。ヤマト建国の直前）の話と仮定すれば、一つの仮説が浮かび上がってくる。朝鮮半島南部に倭人が鉄を求めて群がっていたことを中国の歴史書も記録していて、スサノヲは、まさに「鉄を求めて海を渡って朝鮮半島に赴き、その後帰ってきた王」とみなすことができる。

スサノヲが朝鮮半島南部で活躍していたとすれば、『日本書紀』や『出雲国風土記』の中で新羅が出雲と強い接点を持つことの意味がわかってくる。それを説明しておきたい。

西谷墳墓群の四隅突出型墳丘墓

スサノヲは出雲神ではなく「タニハの神」

弥生時代後期に出雲は北部九州と手をつなぎ、東に向けて勢力圏を伸ばそうとしていた。それは出雲の四《よ》隅《すみ》突《とつ》出《しゅつ》型《がた》墳《ふん》丘《きゅう》墓《ぼ》の分布域が東に拡大していったことから明らかだ。

ところが、タニハは独自の墳丘墓を造り続け、四隅突出型墳丘墓はタニハを飛び越えて越《こし》に伝播した。タニハは挟み撃ちにされたが、出雲の圧力をはね返し、逆に西（鳥取県）に向かって押し進んでいた様子が、考古学的に明らかになっている。そして最終的に、出雲はヤマト建国に参画したのだから、タニハの圧力が効いたことになる。

そこで無視できないのが出雲神話だ。スサノヲは天上界を追放されたあと、簸《ひ》川《かわ》の上流（島根県）

に舞い下り、八岐大蛇《やまたのおろち》退治をしたあと宮を建てる。それが須賀宮《すがのみや》だった。問題は、須賀宮が出雲の中心部から離れた場所に建てられたことだ。須賀宮の跡にはスサノヲを祀る須我《すが》神社が鎮座するが、出雲には複数の須我（賀）神社が祀られていて、どれも弥生時代後期の出雲の中心勢力を囲むような場所に祀られている。ここに、大きな意味が隠されていると思う。スサノヲは出雲から見ればよそ者だ。しかし、出雲建国の基礎を築いたと神話で語られている。つまり、スサノヲの行動は、出雲を圧迫したタニハと重なってくる。

それだけではない。出雲は北部九州と手を組んで日本海の覇権を奪おうとした。それがタニハには脅威だったが、これは新羅にも言えることだった。だからこそ、タニハは新羅と手を組み、出雲に対抗したのだろう。スサノヲが新羅に舞い下りたという話は、スサノヲが朝鮮半島南東部の鉄を求めて朝鮮半島に渡っただけではなく、「タニハのスサノヲ」は新羅と手を結ぶ外交戦を展開していた疑いがある。

スサノヲ（タニハ+新羅）に対抗した出雲とヤマト建国

タニハと新羅が手を組んだこと、銅鐸文化圏の人びとが奈良盆地に集結してしまったことは、出雲にとって無視できない事態であり、さらに、スサノヲが出雲を包囲して圧力をかけた結果、出雲は折れ、ヤマト建国に参画したのだろう。おそらく、ほぼ同時に、瀬戸内海の吉備も、ヤマトにやってくる。そして、日本海から大勢の人びとが北部九州に乗り込むことができた。北部九州は、東側から攻められると守り切ることができないという地政学上のアキレス腱（日田《ひた》市の盆地）を抱えていたため、白旗を挙げざるを得なかったのだろう。

ところが、ここでどんでん返しが起きる。瀬戸内海の吉備勢力が裏切り、北部九州から山陰地方に続く日本海勢力が一気に没落してしまう。

吉備勢力は特殊器台形土器《とくしゆきだいがた》や前方後円墳の原形となる埋葬文化をヤマトに持ち込み、ヤマト建国の中心勢力の一つになったが、北部九州には無関心を装った。その代わり河内（大阪府南東部）に拠点を作っていた。こうしておいて、吉備はヤマト黎明期の主導権争いを勝ち抜くプランを練っていたようだ。

瀬戸内海勢力（吉備）は、北部九州をヤマト政権が手に入れ、新羅と手を組んだから、「タニハを中心とする日本海勢力」が発言力を強めると読んだだろう。そして、一番恐れていたのは、関門《かんもん》海峡を日本海勢力に支配されることで、ここを塞がれれば、瀬戸内海勢力は死《し》に体《たい》となる。死活問題であり、ここで瀬戸内海勢力が北部九州から日本海勢力を追い出してしまった可能性が高い。

これには証拠があって、ヤマトの勢力が流入して一度は発展した奴国が、一気に没落していること。山陰地方でも、同時期に、謎の衰退が起きていたことだ。出雲の四隅突出型墳丘墓の墳墓群を造ってきた中心勢力が、没落している。このあと、日本海沿岸部で巨大な前方後円墳を造る地域は、丹後半島の一部の地域に限定されてしまう。逆に吉備では、天皇家と同等の巨大墳墓を造営するようになっていく。用意周到で老獪な吉備の、作戦勝ちであった。

ちなみに、古代最大の豪族物部《もののべ》氏こそ、吉備出身だろう。そう思う根拠はある。物部氏の祖・ニギハヤヒ（饒速日命《にぎはやひのみこと》）は、神武《じんむ》天皇東征《とうせい》以前にヤマト政権の中心に立っていたが、どこから舞い下りたのかわかっていない（『日本書紀』）。物部氏は河内を本拠地にしていて、瀬戸内海から関門海峡、北部九州まで勢力圏を拡大している。考古学は、河内を根城にしたのは吉備と言っていて、物部氏と重なって見える。

弥生時代後期の吉備の埋葬文化から発展した前方後円墳は全国に広まり、六世紀末から七世紀初頭まで造営され続ける。ちょうど、物部守屋《もりや》が滅亡した頃まで、前方後円墳体制（古墳時代）は続く。物部氏の盛衰と前方後円墳の命運が重なっていることは、偶然ではあるまい。ヤマト建国直後の主導権争いを制したのが、吉備の盟主・物部氏だった。

第三章

中国の影響力と朝鮮・日本の連動

流動化していく朝鮮半島情勢

ヤマト建国は、タニハ（但馬《たじま》、丹波《たんば》、丹後《たんご》、若狭《わかさ》）が新羅《しらぎ》と手を組み、出雲《いずも》や北部九州に対抗したことによって成し遂げられた。またタニハ（のスサノヲ）は、富と権力の発生を嫌う銅鐸《どうたく》文化圏を奈良盆地に引きずり込むことによって、騒乱状態だった日本列島に、大きな連合体を作り上げることに成功したのだ。ここまでわかったところで、東アジアとヤマトの関係に戻っていく。八世紀まで続く東アジアの動乱に日本は巻き込まれていくが、その事情や因果関係を、知っておきたい。

ヤマト黎明期の主導権争いで日本海勢力が没落してしまったが、新羅にとってはいい迷惑だっただろう。せっかく日本海勢力と力を合わせて北部九州から朝鮮半島南部に続く航路を確保できたと思った矢先、邪魔者が入った形だ。

ここからヤマト政権は、瀬戸内海勢力が主導していくが、瀬戸内海→北部九州→中国へと続く安全な航海を成立させるためには、伽耶《かや》（朝鮮半島最南端）と百済《くだら》（朝鮮半島西海岸）との友好関係が必要不可欠で、実際こののち、ヤマト政権は百済を重視していく。百済と新羅は国境を接して小競り合いを続けていたから、ヤマト政権が百済を重視したことによって、新羅は困窮したわけである。

また、伽耶諸国は北部九州と密接なつながりがあったが、ヤマト政権も、伽耶をもっとも大切なパートナーとして重視していく。

朝鮮半島情勢に急激な変化が起きたのは、四世紀末のことだ。高句麗《こうくり》と百済が対立し、このあと高句麗は、しきりに南下政策を採るようになる。その原因は、中国王朝の混乱にあった。

魏《ぎ》・呉《ご》・蜀《しょく》の三国鼎立《ていりつ》状態は、蜀と呉が滅びて、魏の独り勝ちとなった。ただし、魏の将軍の司馬懿《しばい》が実権を握り、孫の司馬炎《えん》の代に魏の元帝《げんてい》から禅譲《ぜんじょう》を受け、晋《しん》（西晋《せいしん》）が建国された（二六五）。後漢《ごかん》末に分裂した中国は、一〇〇年ぶりに再統一されたわけだ。ところがこのあと、異民族によって晋王朝は南側のかつての呉の領域に追いやられてしまう。これが東晋《とうしん》で、ここから始まるのが五胡十六国《ごこじゅうろくこく》時代である。

ちなみに、西晋が成立した時点で、すでに中国の漢民族の土地に、多くの異民族が流入していた。人口の半数近くが、異民族だったという。それだけならまだしも、万里《ばんり》の長城《ちょうじょう》の外側には、遊牧集団の大部隊がたむろしていて、共に暮らしていた異民族も、長城の外に追い払うべきだと盛んに議論が始まっていた。ところが、二九一年に内乱が勃発すると（八王《はちおう》の乱）、諸勢力は異民族の力を借りるという悪手に出た。

こんな状態だったから、結局西晋は三一六年に滅亡し、三一七年に、東晋が呉の地に建国される。呉は土着の豪族たちが割拠《かっきょ》した地域で、東晋は亡命政権にもかかわらず、正統性を訴えていた。

こうして、五胡十六国時代が到来し、高句麗は中国の混乱に乗じて、四世紀初頭、楽浪《らくろう》郡《ぐん》と帯方郡《たいほうぐん》を奪っていた。ただし、高句麗は四世紀半ばになると、五胡十六国の強国・前《ぜん》燕《えん》（鮮卑《せんび》族）に攻められ、大きな被害を受け、やむなく臣従し、前燕の冊封《さくほう》体制に組み入れられている。四世紀後半には、百済と争い、王が戦死するというアクシデントも起きていた。

この時、百済は中国南朝の東晋に使者を送り、鎮東将軍領楽浪太守《ちんとうしょうぐんりょうらくろうたいしゅ》に冊立されて、虎の威を借りていた。ただ、この称号を得てしまったがゆえに、百済は高句麗と戦い続ける宿命を帯びてしまったのだ。そこで、百済は倭国の軍事力をあてにするようになっていく。百済は倭国に七支刀《しちしとう》を贈り、それが石上神宮《いそのかみじんぐう》で祀られる。六一文字の金象嵌《きんぞうがん》が記されていて、「三六九年五月、百済王がこれまで見たこともないような百練の鉄の七支刀を造り、倭王に贈った」とある。

高句麗の南下政策が始まった

四世紀末から、高句麗は南下政策を採り始めた。広開土王碑《こうかいどおう》文には、おおよそ次のようにある。

百済と新羅はもと高句麗の属民で、朝貢《ちょうこう》してきた。ところが三九一年に倭が渡海して百済（と任那《みまな》、あるいは伽耶）、そして新羅を破り、臣民にしてしまった。そこで三九六年、広開土王は自ら軍を率《ひき》い、百済を討ち、城を落とすと、百済は降服した。残主《ざんしゅ》（百済の蔑称）は、五八の城と七〇〇の村を手放した。ところが三九九年、百済は倭と通じ、新羅に倭人が満ちあふれてしまった。そこで新羅（斯羅《しら》）の要請を受けて、倭人の撃退策を練った。翌年に新羅救援軍を派遣し、倭人と安羅《あら》人を撃った。四〇四年に倭は帯方郡まで押し寄せてきた。広開土王は迎え撃ち、多くの兵を殺し、倭を破り、その後も戦いに明け暮れた……。

三九一年に倭の軍勢が百済に加勢していたが、三九六年の高句麗と百済の戦闘の場面で

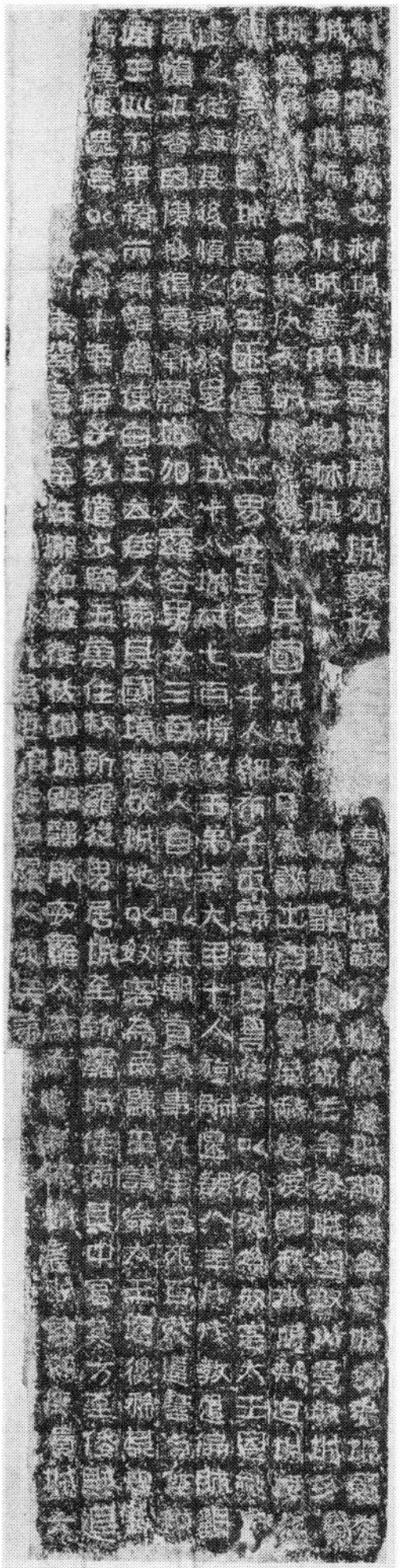

広開土王碑拓本（四面のうち第二面）。九州国立博物館蔵　出典：ColBase (https://colbase.nich.go.jp/)

は、倭国軍は参戦していない。ここに謎がある。『日本書紀《にほんしょき》』や『三国史記《さんごくしき》』の話を総合すると、一時的に倭国と百済の間に軋轢《あつれき》が生まれていたようだ。百済がはじめ高飛車に出ていた可能性がある。高句麗に一度敗れて、しぶしぶ倭国に頭を下げたということだろうか（拙著『なぜ日本と朝鮮半島は仲が悪いのか』ＰＨＰ研究所）。

いずれにせよ、倭国の軍勢が朝鮮半島にしきりに軍事介入してきており、それをはね返した高句麗王の功績が、自慢気に述べられているわけだ。二十二年の治世の間に、城を六四、村は一四〇〇破ったとある。

ちなみに、広開土王碑文とは別に、もう一つ広開土王の子・長寿王《ちょうじゅおう》は石碑を建てている。これが「中原高句麗碑《ちゅうげんこうくりひ》」なのだが、そこには、高句麗と新羅の関係について、「兄弟のように、上下相和《あいわ》し」と書かれている。高句麗は新羅を圧迫したあと、新羅と手を結び、百済に対抗していたことがわかる。新羅はいやいや従ったのではなく、「これ幸い」と、高句麗の言いなりになったのだろう。だからこそ、「兄弟のような関係」と記録されたわけである。

とはいっても、新羅は立場上、高句麗だけを重視したわけではない。『隋書《ずいしょ》』倭国伝《わこくでん》には、次の一節が残されている。

新羅・百済は、皆倭を以《もっ》て大国にして、珍物《ちんぶつ》多しと為《な》し、並《ならび》に之《これ》を敬仰《けいぎょう》して、恒《つね》に使《つかい》を通じて往来す。

新羅と百済が本心でヤマト政権を敬仰していたかどうかはわからない。ただ、高句麗や隣国の脅威に身を晒《さら》していたから、ヤマト政権の軍事力をあてにしていたことは間違いない。少なくとも、かつて信じられていたような「常に倭国は朝鮮半島から見て、遅れた風下の国」という単純な決め付けは、改めた方がよい。

百済や新羅から多くの文物が日本にもたらされたが、それは「下賜《かし》」ではなく、お互いの対等な利益の交換であり、日本が先進の文物を物乞いしたわけでもない。

とはいえ、『日本書紀』に、古代日本が朝鮮半島から多くの知識人や技術を取り入れていたことが記録されているのも事実だ。応神《おうじん》天皇十四年（四〇三年か？）に百済から衣縫《きぬぬいの》工女《おみな》（着物を造る女性の技術者）を、翌年には百済王が阿直岐《あちき》を遣わしてきた。良馬二匹を貢《こう》納《のう》してきて、軽《かる》の坂《さか》（奈良県橿原《かしはら》市大軽町《おおがるちょう》）の上の厩《うまや》で阿直岐に飼育させた。阿直岐は経典にも通じていた。応神天皇は阿直岐に、「あなたより勝る知識人はいるのか」と尋ねると、王仁《わに》の名が挙がった。そこで百済に王仁を請うた。すると翌年、王仁が来日したという。応神天皇三十九年には、百済王の妹が七人の婦人を率いてやってきて、仕《つか》えた。ただしこれも、倭国が軍勢を盛んに送り込んだ見返りとみなすことができる。

東アジアで存在感を増していく倭国と武王《ぶおう》（雄略《ゆうりやく》天皇）

朝鮮半島の騒乱に倭国が参戦したことによって、倭国王は東アジアに名を知られるようになっていく。そして、中国の宋《そう》（南朝）に爵位《しゃくい》を求めた。これが『宋書《そうしょ》』倭国伝に登場する倭王たちで、仁徳《にんとく》（あるいは履中《りちゅう》か応神）、反正《はんぜい》（あるいは仁徳）、允恭《いんぎょう》、安康《あんこう》、雄略たちだ。

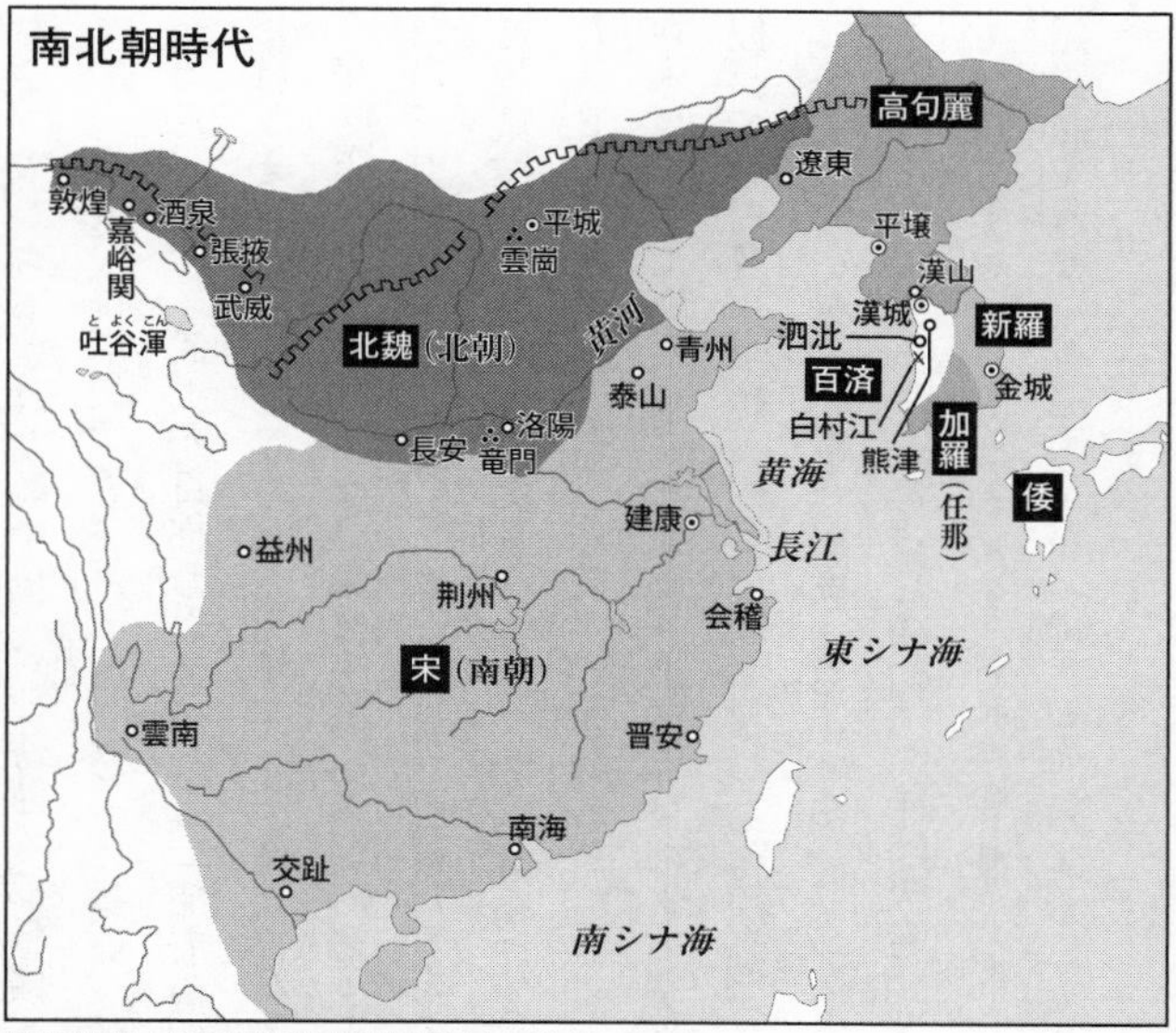

（『山川世界史総合図録』（山川出版社）を元に作成）

いわゆる倭の五王《ごおう》である。

西暦四二一年から四七八年までの間に九回使者が向かい、冊封体制に参加し、爵位を獲得した。ちなみに、この時代の高句麗は、北魏《ほくぎ》（北朝）とつながっていた。北魏は漢民族から見て異民族で、宋（南朝）は漢民族が華南《かなん》に亡命して生まれた政権である。

倭の五王最後の武王は五世紀後半に登場した雄略天皇で、「使持節《しじせつ》、都督《ととく》倭・百済・新羅・任那・加羅《から》・秦韓《しんかん》・慕韓《ぼかん》七国《ななこく》諸軍事《しょぐんじ》、安東大将《あんとうだいしょう》軍《ぐん》、倭国王及び開府儀同三司《かいふぎどうさんし》（府＝官庁を開くことができる者）」を自称したが、宋から下された爵位は、「使持節、都督倭・新羅・任那・加羅・秦韓・慕韓六国《ろっこく》諸軍事、安東大将軍、倭王」だった。じつに長い、厳《いか》めしい官爵だが、名誉職的な要素が強かった。また、武王が自称した名のうち「開府儀同三司」は、高句麗王に授けられ、武王には与えられなかった。また百済王も、宋に爵位を求めている。

雄略天皇の出現は、中央集権国家への第一歩とされている。ヤマト建国時から、王家は祭司王であり、「ゆるやかな連合体の調整役」だった。実権を握っていたのは、王家を支え推戴する豪族たちである。ところが、朝鮮半島に遠征軍を派遣することで、「統一されたスピード感のある命令系統」が求められ、さらに東アジアで名を売ったから、王家の存在感は増していた。そんな時、雄略天皇はクーデターを起こして玉座を手に入れ、実権を握っていた有力豪族・円大臣《つぶらのおおおみ》（葛城氏《かつらぎ》）を攻め滅ぼしていた。

『万葉集《まんようしゅう》』の最初の歌は雄略天皇のもので、『万葉集』編者は節目節目で、雄略天皇の歌を取り上げている。これは意図的で、雄略天皇が歴史を変えた事実を、「歌の配列」によって表現していることがわかる。『日本書紀』や『古事記《こじき》』も、雄略天皇と葛城の神との邂《かい》逅《こう》説話を載せ、雄略天皇が「神にも匹敵する偉大な人物だった」ことを伝えている。

復活した日本海勢力とつながった新羅

とはいえ、朝鮮半島に遠征軍を派遣するためには、豪族たちの協力が不可欠だったから、当然不満も高まっただろう。雄略天皇の死後、王統も乱れ、ヤマト政権は衰退してしまったのだ。

そして、五世紀末、急速に発展したのは、越《こし》（北陸地方）だった。ヤマトの王家もまだ導入していなかった王冠の文化を採り入れていた。ヤマトの混乱をよそに、越を含む日本海勢力は富を蓄えていたのだ。そして、疲弊したヤマト政権は、越の男大迹王《おおどのおう》（第二十六代継《けい》体《たい》天皇）を迎え入れる。

継体天皇は第十五代応神天皇の五世の孫と『日本書紀』は言う。王家の血は非常に薄く、この系譜自体も、信じがたいということで、継体天皇は新王朝だったのではないかと疑われている。つまり、ここで王朝交替が起きていた可能性も指摘されているわけだ。

王朝交替云々に関しては、他の拙著の中で詳述しているので、ここでは割愛《かつあい》する。継体天皇の出現でもっと大切なことは、ヤマト建国後の主導権争いの中で没落した日本海勢力が、五世紀末に復活し、六世紀にヤマト政権の主導権を握るチャンスが到来したことなのだ。

これは、新羅にとっても好機だった、縄文《じょうもん》時代から珍重されてきた越の秘宝・ヒスイが、新羅に大量に輸出され、無数のヒスイが王冠を飾っていることからも、この時代の日本海勢力と新羅の関係は類推できる。

北燕《ほくえん》滅亡が招いた百済滅亡と継体天皇の誕生

継体天皇誕生の遠因を探っていくと、中国の情勢に行き着く。四三六年、高句麗に隣接し強大な力を誇示していた北燕が、滅亡していた。高句麗は目の上のたんこぶが消え、朝鮮半島南部に一層圧力をかけられるようになった。

ここで、百済はピンチに立たされたが、新羅にも変化があった。新羅は高句麗を頼って身を守り、百済や倭と対峙していたが、方針を改め、百済と手を組むようになった。『三国史記』によれば、四三三年に、百済が新羅に使者を送り、講和を求めた。新羅はこれに応じ、四五〇年には、高句麗と新羅が小競り合いを演じ、一旦新羅が謝罪するが、四五五年に高句麗が百済に出兵すると、新羅は百済を救援している。

ところが、四七五年九月、高句麗の長寿王（広開土王の子）は、三万の兵を率い、百済の都・漢城《かんじょう》を包囲し、百済王は殺されてしまった。『日本書紀』にも記事があり、雄略天皇二十年（四七六。『百済記《くだらき》』には四七五）に、高句麗の王が大軍をさし向け、百済は滅亡したとある。そこで雄略天皇は、百済に熊川（百済から見て南側の慶尚南道《けいしょうなんどう》）の土地を授けたとある。百済の人びとは、朝鮮半島の南西の隅に追いやられたことになる。

雄略天皇の時代に、ヤマト政権は大切な同盟国の百済の衰退に直面したのだ。これは痛手だった。中央集権国家づくりに着手した段階での同盟国の疲弊は、大きなダメージになっただろう。それとは対照的に、新羅の立場は、好転したのではなかったか。つまり、高句麗の脅威は増したが、百済は滅亡の憂き目に遭《あ》い、宿敵の新羅を頼ってもいる。朝鮮半島の東南の隅でひっそり暮らしていた新羅は、発展するきっかけをつかみ、さらに、ヤマト建国後衰退していた日本海勢力と交流することで、存在感を高めていったのだろう。

ヤマト政権にすれば、同盟関係にあった百済が一度滅亡してしまって、新羅とつながる越の継体天皇が、必要になったわけだ。

古墳時代を通じてヤマト政権の中心に立っていたのは瀬戸内海の吉備《きび》出身の物部《もののべ》氏だったが、日本海勢力に属する継体天皇の出現以降、彼らは次第に力を削《そ》がれていく。ここで蘇我《そが》氏が台頭した意味も大きい。継体天皇が育った越は、蘇我系豪族の密集地帯でもあった。継体を支えたのは蘇我氏である。つまり蘇我氏は日本海勢力の領袖《りょうしゅう》だったのだ。

そしてこのあと、朝鮮半島情勢はめまぐるしく変化していくが、そこにはさまざまな要因が隠されていた。そもそも、朝鮮半島のどの国々も、色々な人種が入り交じり、また、出入りが激しかった。また、朝鮮半島の西海岸を誰が支配するかという地政学的な重要性も、この時代の駆け引きの大きな要因になっていたと思う。

『隋書』東夷伝《とういでん》の百済条には、六〜七世紀にかけての百済には、「新羅人、高麗《こうらい》（高句麗）人、倭人を交《まじ》え、中国人もいる」と記されている。東アジアの往来が頻繁に行われていたことを示しているし、航路の中の百済の港の重要性が、これでよくわかる。

ヤマト政権側の外交政策も二転三転していた

五世紀末の日本海勢力は、新羅と連携して、復興した。そして、百済一辺倒だったヤマトの外交戦略も、大きく変化する……はずだった。しかし、このあと、ヤマトの外交戦は複雑な様相を示していく。ヤマト政権の旧勢力（瀬戸内海勢力）と継体天皇を頂く日本海勢力との間で、再び主導権争いが勃発していたようなのだ。

たとえば、継体天皇は当初百済に対し、毅然とした態度で臨《のぞ》んでいたが、次第に変化していく。まず、継体天皇三年（五〇九）、百済滅亡後、任那（伽耶）に流れこんで違法に住みついた百済の民を、ヤマト政権は「探し出して百済に戻すように」処置している。ところが、継体天皇六年（五一二）冬十二月、継体天皇は百済から要求のあった任那国の四県の割譲を、認めてしまったのだ。明らかな外交戦略の見直しである。

この時、政権内部で反対意見が出されている。勾大兄皇子《まがりのおおえのみこ》（のちの安閑《あんかん》天皇。継体天皇と尾張《おわり》系のキサキの間に産まれた子）は、「蕃国《ばんこく》が請うままに渡してしまっていいのか」と、独自の判断で、百済の使者に向かって、命令の撤回を告げている。天皇に背《そむ》いた形になる。

なぜ、意見の相違が生まれたのだろう。

もともと親新羅派だった継体天皇が、即位後、旧政権に取り込まれてしまったということだろう。このあと九州で勃発する磐井《いわい》の乱（五二七）も、継体天皇の豹変に対する日本海勢力の反発という側面があった。

日本外交の迷走は続いていく。優柔不断な態度をとり、百済の利益を尊重したことで、もっとも大切な同盟国である伽耶を裏切る形になってしまった。その結果、欽明《きんめい》天皇二十三年（五六二）に伽耶は新羅に飲み込まれ、滅亡してしまったのだ。

ところが百済はこのあと、奇妙な動きに出ている。

敏達《びだつ》天皇十二年（五八三）、敏達天皇は任那復興を画策し、優秀だった百済の倭系高官の日羅《にちら》（父親の代に、百済に派遣されて百済の官僚になっていた）を呼び戻した。百済は渋々従い、日羅は難波《なにわ》に到着した。日羅に朝鮮半島対策を問いただすと、「今は出兵すべきではない」と献策し、さらに、「百済人が策謀して、筑紫《ちくし》（九州北部）の領土を狙っている」と言うのだ。すると同行していた百済の人びとが、日羅を殺したという。何が起きていたのか、『日本書紀』の記事だけではよくわからないが、百済が信頼できる同盟国ではなかったことに、ヤマト政権側が気づかされたということだろう。

こののち、親新羅派の蘇我氏が台頭し、親百済派の雄族《ゆうぞく》・物部氏の影が薄くなっていった。ヤマト政権の外交政策は、「百済一辺倒」ではなくなり、全方位外交を展開していくようになったのだ。

その原因の一つが、中国に統一王朝の隋や唐《とう》が出現して、東アジアのパワーバランスが激変したことだ。高句麗でさえ、ヤマト政権と関係修復を目論《もくろ》むようになっていく。中国に対抗するために、ヤマト政権が、キャスティングボートを握り、だからこそ、仏教を始め、朝鮮半島の先進の文物がこの時期大量に流れこんできたのだ。

『日本書紀』推古《すいこ》天皇三十一年（六二三）是歳条に、新羅が任那の地に侵攻したため、これを撃つべきかどうか、推古天皇は群臣に尋ねた。親百済派で物部氏とつながっていた中《なか》臣《とみ》氏は賛成し、さらに加えて「任那を百済に与えるべきだ」と述べたが、蘇我系の田中《たなかの》臣《おみ》は、事実を確認し、使者を遣わして現状を視察させるべきだとし、「百済は信頼できず、約束をすぐ破る。道路の距離もだます」と、反対意見を押し通している。

朝鮮半島情勢は常に複雑な動きを見せていたが、ヤマト政権側も、統一した意思を、なかなか醸成できずにいたことがわかる。

全方位外交派〈蘇我氏〉と親百済派〈中大兄皇子《なかのおおえのみこ》・中臣鎌足《かまたり》〉

蘇我氏全盛期の時代に移る。

皇極《こうぎょく》天皇元年（六四二）正月、百済に派遣してあった使者が、百済の使者を伴って帰国し、前年の十一月からこの年の正月に、百済で内乱が起きていたことを報告している。百済の「対新羅強硬派」義慈王《ぎじおう》の即位と混乱が招いた事件で、穏健派の翹岐《ぎょうき》や王族と官僚たちが日本へ亡命してきたのである。

また六月になると、今度は高句麗の使者が、政変を伝えてきた。大臣の泉蓋蘇文《せんがいそぶん》が身の危険を察知し、逆に王を殺害し、多くの人びとを粛清したという。ただし、泉蓋蘇文自身は王に立たず、王の甥《おい》を担《かつ》ぎ上げて、実権を掌握して独裁体制を布《し》いたのだ。

この二つの事件は、ヤマト政権に衝撃を与え、影響は意外な場所に出たという説もある。たとえば鈴木靖民は、『古代対外関係の研究』（吉川弘文館）の中で、蘇我蝦夷《えみし》・入鹿《いるか》親子が反蘇我氏勢力が推戴する有力な皇位継承候補を抹殺してしまったと言う。それが山背《やましろの》大兄王《おおえのみこ》のことで（上宮王家《じょうぐうおうけ》）、「外交事情に通じ、かつ敏感に対処してきた蘇我氏なら当然の行動」と言う。また逆に、反体制側の中大兄皇子や中臣（藤原《ふじわらの》）鎌足たちにとって、高句麗で勃発した「権力中枢の殺戮《さつりく》というテロリズム」は、強い刺激になったと指摘している。乙巳《いっし》の変《へん》（六四五）ののち、中大兄皇子が、叔父《おじ》の孝徳《こうとく》天皇を担ぎ上げたのも、高句麗の様相が投影されていると言うのだ。

しかしこの推理は、間違っている。そう考える理由を、以下説明しておく。

まず第一に、蘇我氏全盛期、ヤマト政権の外交策は、全方位形に移っていた。隋や唐が広大な統一王朝を成立させていたことが重要だ。

この時代、隋は積極的に高句麗潰《つぶ》しを始め、高句麗は果敢に戦ったが、かつての仇敵《きゅうてき》だったヤマト政権に対し、融和策を採るようになった。背後の憂いを消そうとしたのだろう。厩戸皇子《うまやどのみこ》（聖徳太子《しょうとくたいし》）が来日した高句麗の僧・慧慈《えじ》に師事し、蘇我氏が日本初の法師寺《ほうしじ》（法師寺は男性出家者の寺の意。法興寺《ほうこうじ》、飛鳥寺《あすかでら》）を高句麗様式の伽藍《がらん》にしたのも、このような歴史背景が隠されている。

蘇我氏は継体天皇と同じように、親新羅派だったが、東アジア情勢に敏感に反応し、遣《けん》隋使《ずいし》、遣唐使《けんとうし》を積極的に派遣している。そして、百済に重心が傾いたかつての外交策を改めたのだ。また、蘇我氏は『日本書紀』の記述とは逆に改革派で、律令《りつりょう》整備に邁進していた。『日本書紀』はこの事実を抹殺するためのカラクリを用意し、その一つが聖徳太子だった。蘇我系の皇族に蘇我氏の手柄を預け、聖者と礼讃《らいさん》し、さらに、その子の山背大兄王の一族を蘇我入鹿が滅亡に追い込むという物語を用意して、蘇我入鹿を大悪人に仕立て上げた。つまり、上宮王家滅亡事件は架空の物語であり、朝鮮半島の政変の影響を受けたわけではない。

『日本書紀』の欺瞞と印象操作

ならばなぜ、中大兄皇子と中臣鎌足が蘇我入鹿暗殺を決行したかと言えば、それは改革事業を押し進めるためではなかった。中大兄皇子は蘇我氏が中大兄皇子の弟の大海人皇子《おおあまのみこ》を推していたことを憎み、さらに中臣鎌足は極端な親百済派で、蘇我氏が衰退著しい百済救援に消極的だったことを恨《うら》んでいた。なぜ中臣鎌足が百済に傾倒していたかというと、人質として来日していた百済王子・豊璋《ほうしょう》がその正体だからだ（拙著『ヤマト王権と古代史十大事件』ＰＨＰ文庫）。

また、中大兄皇子は蘇我入鹿暗殺に成功したが、政権転覆には至っていない。乙巳の変ののち即位した孝徳天皇は親蘇我派で、親蘇我派の重臣を抜擢し、蘇我氏が進めていた難波宮《なにわのみや》遷都を断行し、律令制度の基礎固めを始めようとしていた。この政権下で、中大兄皇子と中臣鎌足の活躍の場はなかった。それは『日本書紀』を色眼鏡なしで読めばわかる。

これまでわれわれは、乙巳の変の蘇我入鹿暗殺は正義の戦いだったという『日本書紀』の主張を鵜呑みにしてきたのだ。

『日本書紀』は、乙巳の変と

中臣（藤原）鎌足
出典：菊池容斎著『前賢故実』（郁文舎）より。
国立国会図書館デジタルコレクション
https://dl.ndl.go.jp/pid/778238（参照 2023-05-16）

大化改新《たいかのかいしん》（六四六）によって、律令は一気に整備されたと主張し、中大兄皇子や中臣鎌足を顕彰したが、実際に律令が整ったのは大宝《たいほう》元年（七〇一）のことで、約半世紀の年月を要している。それにもかかわらず『日本書紀』が「この時律令は整った」と強調するのは、「蘇我氏が改革事業の邪魔をしていたから」「蘇我氏がいなくなるだけで、改革は進んだ」と、印象操作し、中大兄皇子と中臣鎌足の正義を証明しようとしたからだ。しかし、嘘はすでに露顕している。

長い間、みなだまされていたのだ。政変は成功し、中大兄皇子は主導権を握ったに違いないと、思い込んでいたにすぎない。中大兄皇子が実権を握ったのは、孝徳政権に対する嫌がらせや妨害工作が功を奏し、孝徳天皇を追い詰めたあとだ。

この中大兄皇子と中臣鎌足の行動に東アジア情勢はからんでいたが、通説が考えるような図式ではない。

孝徳天皇は親蘇我派で親新羅派

ところで、百済から亡命してきた翹岐の家族は、蘇我氏が保護したようだが、不思議な事件に巻き込まれる。

翹岐を追い落とした義慈王は、「武闘派」であり、新羅に対して攻撃的だったが、翹岐は百済の中でも穏健な外交を目指す一派だった。蘇我氏は、百済の穏健派と与《くみ》しやすいと考えたに違いない。

皇極天皇元年（六四二）四月八日、翹岐は従者を引き連れ皇極天皇に拝謁《はいえつ》した。十日、蘇我大臣（蝦夷）は、畝傍《うねび》の家（自宅）に翹岐らを呼び、相対して歓談し、良馬や鉄《ねりかね》（鉄の延べがね）を与えた。蘇我蝦夷はさらに、五月五日、河内国《かわちのくに》の依網屯倉《よさみみやけ》（河内国丹比郡《たじひのこおり》から摂津国住吉郡《せっつのくにすみよしのこおり》のあたり）の前で、翹岐らを招き、狩猟を見せた。二十一日、翹岐の従者がひとり亡くなった。二十二日、翹岐の子が亡くなった。この時、翹岐と妻は、子の死を忌《い》み、恐れて喪葬《もそう》の儀に出席しなかった。百済や新羅では、人が死ぬと、死者を見ないという風習があったと『日本書紀』は言う。しかもこれを「無慈悲で禽獣《きんじゅう》と同じだ」と非難している。

『日本書紀』は強く百済を支持する文書なのだが、なぜか百済王家の翹岐に対して批判的なのだ。理由は簡単なことで、『日本書紀』編纂の中心に立っていたのが、百済王子・豊璋（中臣鎌足）の子の藤原不比等《ふじわらのふひと》だったからだ。豊璋は百済の翹岐を追い落とした側の人物だから、『日本書紀』は翹岐に冷淡なのだ。百済が分裂し、武闘派、反新羅派の義慈王の流れを汲んだ中臣鎌足（豊璋）たちが、日本国内で主導権を握ったということだろう。

中大兄皇子と中臣鎌足が、蘇我入鹿らの遺志を継承した孝徳天皇の政権に、妨害工作をしていた事実は、孝徳天皇の寵臣だった高向玄理《たかむこのげんり》とその周辺の事件を見れば、明らかになる。

大化二年（六四六）に、孝徳天皇は親蘇我派の高向玄理を遣新羅使に任命した。この時新羅は、ヤマト政権に「人質を差し出すように」と要求され、金春秋《きんしゅんじゅう》（のちの武烈王《ぶれつおう》）を高向玄理に添えて遣わした。この頃、新羅は百済の義慈王の武力攻勢に悩まされていたから、ヤマト政権の機嫌を損ねることはできなかったのだろう。

ただ金春秋は、人質といっても強い拘束は受けていなかった。のちに自身の意志で日本を離れていく。金春秋は、新羅の期待を一身に背負い、ヤマト政権を新羅の味方につけようとロビー活動をくり広げただろうし、これを、高向玄理が手助けしていたに違いないのだ。

また、反新羅姿勢に終始する『日本書紀』だが、来日中の金春秋に関しては、なぜか高評価だ。大化三年（六四七）の記事に、金春秋は、「容姿が美しく、闊達に談笑した」とある。余程、人タラシだったのだろう。外交官や為政者としての素質に満ちていたと考えられる。

そして、ここで覚えておいてもらいたいのは、新羅のホープ金春秋と高向玄理が強い接点を持っていたという事実である。

白村江《はくすきのえ》の戦いと百済復興の失敗

蘇我氏全盛期、すでにヤマト政権は新羅と結ばれていたのである。隋に遣わされた恵日《えにち》（医学生。古代日本の医療制度を確立する）は、十五年後に新羅使の船で帰国していたが、「新羅ネットワーク」を持ち帰り、唐・新羅のラインを重視する一派の動きが活発化していたのではないかとする田中史生の推理がある（『越境の古代史』ちくま新書）。孝徳政権は親蘇我政権だから、高向玄理を新羅に派遣して、さらに絆を強めたのだろう。

孝徳天皇崩御ののち、中大兄皇子は母（斉明《さいめい》天皇）を擁立してようやく実権を握り、百済救援を強行する。これが白村江の戦い（六六三）なのだが、ヤマト政権と百済の連合軍は、唐と新羅の前に、完膚《かんぷ》なきまで叩きのめされた。そして、日本は滅亡の危機に瀕する。

遠征の直前、「この戦争は負ける」と、民衆もわかっていたようで、中大兄皇子は罵倒されるのだが、無謀な戦争に突き進んだ最大の理由は、百済が差し出した人質・豊璋のロビー活動が功を奏したからだろう。

中大兄皇子は親蘇我派の大海人皇子の即位を阻止すべく、中臣鎌足（豊璋）のそそのかしに乗って蘇我入鹿を暗殺し、その流れの先に、百済救援があった。親蘇我派＝親新羅派（あるいは全方位外交派）にそっぽを向かれた中大兄皇子は、百済を救援し、百済の後押しを受けなければならない立場に追いやられていたのだと思う。

要するにこの時代、百済は瀕死状態だったのだ。皇極天皇元年（六四二）に翹岐が来日する前後、義慈王は対新羅戦で大勝利を収めて勢いに乗っていたが、驕《おご》ってしまっていた。斉明天皇六年（六六〇）には、唐が百済を攻め、滅亡に追い込んでいる。このあと、百済は復活を目論み、日本に人質として預けてあった豊璋を呼び戻し、王に立て、ヤマト政権に援軍を要請し、唐と新羅の連合軍に立ち向かったが、敗れたわけだ。これが、白村江の戦いの歴史的背景である。

遣唐使船の構成員に見える不自然さ

百済にすれば、孝徳天皇の時代からすでに、ヤマト政権を何とかして百済の味方にしなければならなかった。それほど逼迫していたわけで、その「必死なロビー活動」の様子は、孝徳天皇の最晩年に、二年続けて派遣された遣唐使の様子から見てとれる。長くなるが、説明しておく。

白雉《はくち》四年（六五三）夏五月十二日、『日本書紀』に、遣唐使派遣記事が載る。大使・吉士長丹《きしのながに》以下、総勢一二一名が乗った第一船が唐に向かった。続いて、別のもうひとりの大使高田首根麻呂《たかたのおびとねまろ》（またの名は八掬脛《やつかはぎ》）ら、一二〇名が別の船に乗った。

まずここで、最初の謎に突き当たる。最初に登場する大使よりも、次に記録された（第二船の）大使の方が、官位が上なのだ。普通はあり得ない。

それだけではない。第一船に乗った人びとの顔ぶれが「不気味」なのだ。なぜかと言うと、中臣鎌足の子の定恵《じようえ》や、中臣系の安達《あんだち》がいたからだ。どちらも中大兄皇子や中臣鎌足に近しい人びとである。つまり、第一船に乗った人びとの多くは、反蘇我派であり、親蘇我派の孝徳天皇と敵対していた人びとなのだ。この船が、怪しい。

危険な航路を選択していた第二船

孝徳天皇最晩年に断行された遣唐使には、事件性を感じる。たとえば、すでに触れたように第二船の大使の別名を「八掬脛」と記録している。これは明らかな蔑称であり、『日本書紀』編者の悪意を感じる。

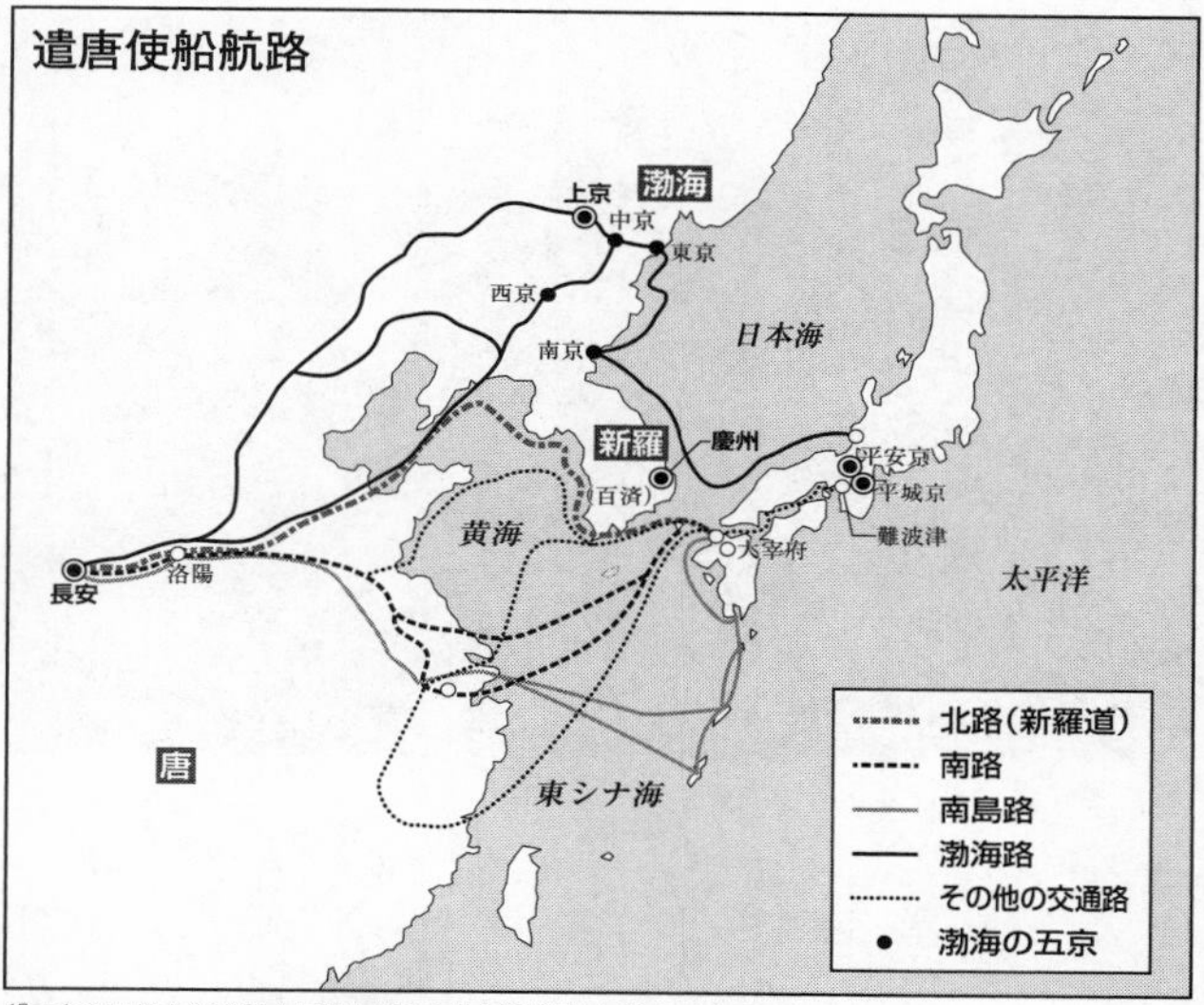

(『日本の時代史(4)律令国家と天平文化』(吉川弘文館)などを元に作成)

第二船は、第一船とはぐれ、鹿児島県沖で沈没してしまった。ここにも大きな謎が隠されている。

中国に向かう航路は、「北路」「南路」「南島路」「渤海路《ぼっかいろ》」で、一般的で安全なのは「北路」だ。北路は朝鮮半島の西海岸を沿岸部に沿って北上し、黄海《こうかい》を横断する。山東半島を目指すルートだ。他の航路は外洋を航海しなければならず、危険きわまりない。中臣鎌足の子・定恵の乗る遣唐使の第一船は、北路を経由している。ところが、第二船は北部九州から進路を北にとらず、逆に向かっている。なぜ、第二船は、危険な海を選んだのだろう。

難波宮付近

案の定、秋七月に、第二船は鹿児島県沖で沈んでしまった。
これで、事件が終わったわけではない。ヤマト政権内部で動きがあった。遣唐使船遭難の年の『日本書紀』是歳条に次の記事がある。中大兄皇子が孝徳天皇に対して「倭京《やまとのみやこ》に遷《うつ》りましょう」と進言した。難波の都（大阪市中央区）から飛鳥に移ることを勧めたのだ。もちろん孝徳は、遷都を許さなかった。すると中大兄皇子は、母（このあと即位する斉明天皇）や公卿、群臣を率いて、強引に飛鳥に移ってしまった。
孝徳天皇が、窮地に立たされている時代に、遣唐使船（第二船）は沈んでいたのだ。そして孝徳天皇は、翌白雉五年（六五四）二月、高向玄理を遣唐使全体を統率する役割の「押使《おうし》」に任命して、遣唐使を派遣した。前年に派遣した遣唐使よりも重い任務を負っていたのだ。何しろ、ヤマト政権の屋台骨を支える重要な人物の高向玄理を、送り出している。

それにしてもなぜ、二年続けて遣唐使を派遣する必要があったのか。そしてなぜ、二回目にヤマトの中枢を担う人物をあえて選んだのだろう。

孝徳外交は妨害されていた

高向玄理らの遣唐使は、はじめて使う新羅道を経由して萊州《らいしゅう》（山東半島の北岸）にたどり着いた。新羅国内の陸路を経由して西海岸に出たのだろう。（新羅は六世紀に百済の北側の西海岸を奪っていた）。はじめての行程で、百済を経由していないところに、大きな意味が隠されている。

ところがここで、奇妙なことが起きる。高向玄理の一行は、都に至り、天子《てんし》に拝謁した。その時、東宮監門《とうぐうかんもん》（諸門を警備する役人）が、日本の地理と国のはじめの神の名をそれぞれに尋ね、みな答えた。また、高向玄理は唐で亡くなってしまったと記事は続いている（死因不明）。さらに、同行した学問僧たちが唐や海で亡くなり、ひとりは新羅船に乗って帰国したとある。

ここで一つの仮説を立ち上げてみよう。

白雉四年(六五三)の最初の遣唐使船で、第二船に乗った大使が第一船の大使よりも位が高かったこと、それにもかかわらず安全な百済の西海岸を経由する北路を使わなかったのは、第一船に妨害されて使えなかったからではあるまいか。乙巳の変で、無理矢理ヤマト政権を百済の味方に引きずり込もうと百済のロビイスト=豊璋=中臣鎌足による蘇我入鹿暗殺が決行され、親蘇我派の孝徳天皇は、百済を恨み、唐と新羅の連合軍側につこうと、使者を派遣したのだろう。それが第二船であり、これを邪魔するために待ち構えていたのが第一船と考えられる。この時期、ヤマト政権が唐と手を結べば、もはや百済は滅亡したも同然だから、必死だっただろう。

孝徳天皇が遣わした本当の遣唐使は第二船だったが、安全な航路を通れなかったために沈んでしまった。また、中大兄皇子と中臣鎌足の政権打倒工作も勢いを増していたから、すぐに高向玄理を、唐に向かわせたのだろう。しかし、例の前年の第一船が先回りをしていて、唐に真逆の情報を吹き込み、高向玄理はニセものと信じさせることに成功したのだろう。だから、唐の都に着いた高向玄理に、不可解な質問が浴びせられたに違いない。高向玄理は唐で客死してしまったと『日本書紀』は言うが、『日本書紀』は死因を明記していない。第一船の連中に殺されていた可能性も疑っておきたい。

第一船に乗っていた「ニセの大使」は、白雉五年（六五四）秋七月に帰国するが、彼らは遣唐使ではなく、「西海使《さいかいし》」と呼ばれている。これも不可解だ。「西海使」は「百済に遣わされた使者（百済使）」を意味しているのだから、第一船は百済を拠点にして、孝徳政権に対する妨害工作をしていたと思われる。

こうして、蘇我氏の外交策を継承した孝徳天皇の政権は執拗な破壊工作によって潰されてしまったのだ。ヤマト政権の歴史は、東アジアのめまぐるしい流転の中に晒されていたことは間違いないし、大陸や半島の戦乱と疲弊が、日本列島に大きな影響を及ぼしていたことだけは、わかってもらえたと思う。

また、日本列島を舞台に、諸外国のロビイストが暗躍し、日本を朝鮮半島の騒乱に引きずり込もうとしていた事実が浮かび上がってくるのである。

第四章

日本は中国と対等に渡り合おうとしたのか

日本は独自に「小中華思想」を展開していた

日本は東海の孤島だからといってアジアの歴史と無縁だったわけではない。むしろ、流動化するアジア情勢に翻弄されていたことがわかってきたと思う。

ただその一方で、ある時期から日本は中国と対等に付き合おうとしていたのではないかと考えられてきたのである。

もちろん、倭《わ》の五王《ごおう》の時代までは、中国の冊封《さくほう》体制の中に組み込まれたが、朝鮮半島南部の国々がヤマト政権の軍事力を頼りにするようになり、人質を送り込んでくるようになると、小中華主義を夢見て、中国王朝の冊封体制を拒んだのではないかというのだ。

それが本当なのかどうか、検証しておきたい。

弥生《やよい》時代後期（一世紀頃）に奴国《なこく》は後漢《ごかん》に朝貢《ちょうこう》し、金印《きんいん》を授かり、冊封された。弥生時代末頃、倭国の女王・卑弥呼《ひみこ》が魏《ぎ》に朝貢し、親魏倭王《しんぎわおう》の称号を獲得している。さらに五世紀には、倭の五王が登場し、宋《そう》（南朝）に爵位《しゃくい》を求めている。東アジアの多くの国々と同じように、日本列島の王たちは、中国王朝の冊封体制に組み込まれた。

ところが、倭の五王の最後の武王《ぶおう》からあと、日本の王（大王《おおきみ》、天皇）は、なぜか中国の皇帝に挨拶はするが、冊封体制に組み込まれていない。それはいったいなぜなのだろう。本当に日本は、小中華思想を展開していたのだろうか。

少なくとも朝鮮半島諸国との関係は、まさに小中華帝国だった。

日本は四世紀後半になると、百済《くだら》と同盟関係を結んでいる。本来対等だったはずの同盟だが、ヤマト政権は王族の人質や物や知識人、技術者を求めるようになっていく。そして広開土王《こうかいどおう》の時代（四世紀末～五世紀初頭）、新羅《しらぎ》と百済はヤマト政権に人質を送り届けて来るようになった。これはヤマト政権に服従した証《あかし》とかつては考えられてきたものだ。近年では、政治的、軍事的な要請をするに際し、裏切らない保証として、王の身代わりを送った可能性も指摘されるようになったが、ヤマト政権から新羅や百済に人質は送られていないのだから、関係は対等ではない。

広開土王碑に、三九九年、百済が誓約を破り、倭と「和通」したとあるが、この三年前、日本と同盟関係にあった百済は高句麗《こうくり》に大敗していて高句麗に下っていた。広開土王碑はこの百済の行動をなじっているわけだ。

ここで当時の朝鮮半島の「人質」の流れを追ってみよう。『三国史記《さんごくしき》』には、百済は四世紀末、ヤマト政権と好《よしみ》（国交）を結ぶために阿莘王《あしんおう》（阿花王《あかおう》）が、太子の腆支《てんし》（直支《ちょくし》）を「質」

として倭国に送ったと記されている。

新羅も同時期に、王子・美海《みかい》をヤマト政権に質として送り込んでいる（『三国遺事』『日本《にほん》書紀《しょき》』）。ただ、新羅の場合、ほぼ時を同じくして美海の兄が、高句麗に人質として遣わされていたと考えられる（『三国史記』『三国遺事《さんごくいじ》』）。

ここで注目すべき点は、高句麗もヤマト政権も、どちらも人質を受け入れているが、他の国に人質を送り込むことはなかった点である。

また、『三国史記』と『日本書紀』には、四〇五年に百済の阿莘王が亡くなり王位継承問題が勃発した時、ヤマト政権が介入したことを示している。人質として来日していた腆支を送り返し、王に立つように後押しした。明らかな内政干渉であり、ここに、朝鮮半島に対するヤマト政権側のスタンスは明確になったとする説がある（鈴木靖民『坂本太郎博士頌寿記念 日本史学論集（上）』國學院大學文学部史学科編／吉川弘文館）。

熊谷公男は、「このような、倭王権がときとしておこなう政治的介入が、倭国の民族意識・国家意識の形成をうながし、しだいに倭国の側では半島諸国との外交関係を朝貢関係とみなすようになり（後略）」、やがて倭王権側の論理を東アジアで主張するようになったとする（『日本の歴史03 大王から天皇へ』講談社）。小帝国、小中華の芽生えだというのである。

倭の朝鮮半島南部への影響力が大きくなり、政権が増長していった可能性は、否定できない。

なぜ倭の大王は「天子《てんし》」を名乗ったのか

ヤマト政権は朝鮮半島で優位な立場にあったが、中国の王朝に対しても、対等の立場に立っていた可能性がある。特に、推古《すいこ》天皇の時代の遣隋使《けんずいし》が引き合いに出され、この考えは大いに支持されている。そこで推古朝の遣隋使の歴史を振り返ってみよう。

推古天皇は二回遣隋使を送り込んでいる。第一回目は、推古天皇八年（六〇〇）のことだ。ちなみに、この遣隋使は『日本書紀』に記録されていない。推古天皇の大きな業績なのに、不思議なことだ。その代わり、『隋書《ずいしょ》』倭国伝《わこくでん》に、次の記事が残されている。

文帝《ぶんてい》の開皇《かいこう》二十年（六〇〇。推古天皇八年）、倭国王は隋の都（現在の西安《せいあん》）に使者を派遣してきた（一二〇年ぶり）。倭王の姓は阿毎《あめ》、字《あざな》は多利思比孤《たりしひこ》、号して阿輩雞弥《おほきみ》とある。

ちなみに、この倭王は、「阿毎多利思比孤」と続けて読むべきで、要は当時の大王の尊称「アメノタリシヒコ（天上界で満ち足りた高貴なる男子）」と「阿輩雞弥＝おおきみ」はセットになる。倭の使者が語った言葉が、このような形で記録されたのだろう。

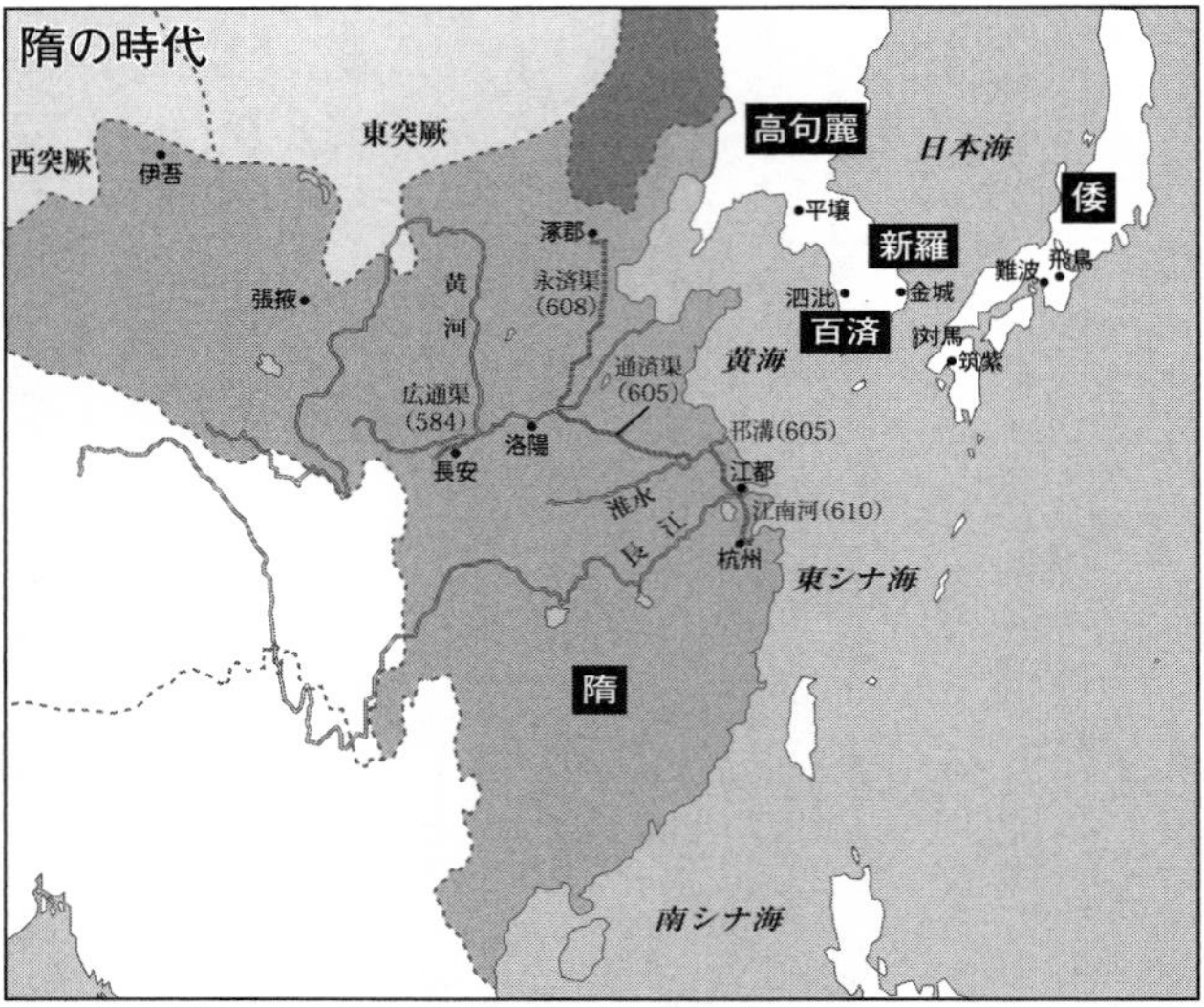

（『世界の歴史（6）隋唐帝国と古代朝鮮』（中央公論社）を元に作成）

推古天皇十五年（六〇七）の第二次遣隋使で、この部分は改められ、倭の王は「天子」を自称していく。これが大問題なのである。

「天子」とは、中国の皇帝ただひとりを指していた。天子はその字のごとく天帝《てんてい》の息子であり、唯一天帝を祀る権利と義務を負う。そして天帝になりかわって世界を統治する存在だ。

「天子」はじつに一神教的発想によって生まれたのだが、周《しゅう》王朝（前一〇四六年頃～前二五六年）の周公旦《しゅうこうたん》らが天命《てんめい》の思想を発展させた。天帝は一つの王朝に天の命令を下し、統治を委《ゆだ》ねるが、その王朝が腐敗すれば、天帝は他の徳のある天子を見つけて、天命を与える。だから、「この世に天子がふたりいる」ことは、許されない。しかも、中国から見れば、東夷《とうい》の島国の王が天子であるはずがない。

さらに余談ながら、「天皇号」が日本で使われ始めるのは、七世紀後半の天武《てんむ》・持統《じとう》朝のことになる。推古天皇の時代は、「大王《おおきみ》」と呼ばれていた。江田船山古墳《えたふなやまこふん》出土大刀銘《たちめい》（熊本県）は、五世紀の天皇を「大王」の称号で呼んでいる。ならばなぜ、推古天皇は「天子」を自称するようになったのだろう。

隋の皇帝を呆れさせた倭の統治システム

推古朝の遣隋使の話を続けよう。倭の使者は倭国の風俗を尋ねられ、次のように報告している。

「倭王は天を以《もっ》て兄となし、日を以て弟となす。天未《いま》だ明けざる時、出《い》でて政《まつりごと》を聴き跏《ふ》趺《か》して坐し、日出ずれば便《すなわ》ち理務を停《とど》め、云う我が弟に委ねんと」

倭王は天を兄とし、日を弟としている。天がまだ明けない時（夜明け前）、宮に出仕して政を聴き、あぐらをかいて座る。陽《ひ》が出れば、勤めを終わらせ、「弟に委ねよう」と言います、というのだ。

これを聞いた文帝は、「大いに義理なし」と述べ、教え、改めさせたという。「なんと、道理のないことをしているのだ!!」と、文帝は驚いたのだろう。

ちなみに、ここにある兄弟は、男女のペアと考えられ、男王と、姉妹の巫女《みこ》がセットになっている。巫女は神に仕《つか》え、神を祀り（観念上の夫婦）、神からパワーをもらい受け、それを王（天皇）に放射する（妹の力）。さらに、神から得た託宣《たくせん》を王に伝え、マツリゴトに反映させる……。これが、王のマツリゴトの仕組みだ。これを隋の文帝は、「なんと時代遅れな」と、叱責した。

文帝が呆れたこの統治システムだが、多神教的な要素が盛りだくさんで、律令《りつりょう》が整ったあとも、文化として残っていく。

有り体に言えば、母系社会の名残《なごり》であって、女性優位なカラクリでもある。神が巫女に託宣を下ろすと言うが、巫女の発する言葉が本当に神の言葉であった保証はない。現実には、巫女の実家（母親の家）の意思であった可能性が高い。巫女の父が王や天皇であれば、巫女の母は王や天皇と結婚したキサキだが、通い婚だから、王や天皇は母親（キサキ）の実家に通い、生まれた子（皇子、皇女）は、母親の実家で育てられ、王や天皇は子供たちにとって、「時々やってくる偉そうなオッチャン」になる。そのキサキの生んだ男の子が成長して即位し、姉か妹が巫女となる。その新たな王や天皇は、姉妹の巫女の得た神託をいざという時に政治に活《い》かす。これが「マツリゴト」であり、実権を握っていたのは、王や天皇ではなく、キサキや母の実家ということになる。つまり、王に実権を与えないシステムが、古いヤマトで生きていたわけである。

そして、古代豪族が天皇家の外戚《がいせき》の地位を争ったのは、このようなカラクリが隠されていたからなのだ。皇帝が独裁権力を握る中国では、信じられない光景だったかもしれないが……。

とはいえ、東アジアの大国の皇帝が呆れた様子を伝え聞き、ヤマト政権はここからさらに中央集権国家の構築に邁進していく。隋や唐《とう》で完成する律令制度を導入していくのである。

隋帝と倭皇《わこう》の不思議な外交戦

もう少し遣隋使の話を続けよう。

第二回目の遣隋使では、小野妹子《おののいもこ》が国書を携えていった。その文面が、『隋書』倭国伝に記録されている。

日《ひ》出《い》ずる処《どころ》の天子、書を日没する処の天子に致す、恙無《つつが》きや、云云《うんぬん》。

これに接した皇帝の煬帝《ようだい》は怒った。

蛮夷《ばんい》の書、無礼なる者有《ことあ》り。復《ま》た以《もつ》て聞《ぶん》する勿《なか》れ。

蛮夷の国の倭が、無礼なことを言っている。次にこのようなことがあれば、突き返せ、と告げている。ただし、国書の真意を確かめようと、裴世清《はいせいせい》を日本に送り出したというのである。

ちなみに、「日出ずる」の文言の前に、次の一節も記録されている。

聞く、海西の菩薩天子《ぼさつてんし》、重ねて仏法《ぶつぽう》を興《おこ》すと。故《ゆえ》に遣わして朝拝せしめ、兼ねて沙門《しやもん》(僧)数十人来たりて仏法を学ばしむ。

煬帝の父である文帝を西方の菩薩天子と持ち上げている。隋が建国される直前の北周《ほくしゆう》は仏教を弾圧したが、文帝は保護している。地方に寺を建て、宮廷の仏舎利《ぶつしやり》を各地に配り、舎利塔《しやりとう》を建立《こんりゆう》した。

そうは言っても、東夷の国が「日の出る国」を自称し、隋を日の没する悪いイメージで語り、中国の皇帝しか名乗れない「天子」を自称するとは、何ごとなのか、と怒ったのだろう。

一方『日本書紀』には、隋が裴世清を遣わしてきたこと、彼が来日したあとの詳細を記録している。

裴世清は宮中に招き入れられ、皇帝からの親書を読み上げた。内容は以下の通り。

「皇帝は倭皇を問う（挨拶を述べる）。使者の蘇因高《そいんこう》（小野妹子）らが倭皇の考えを伝えてきた。私は慎んで天命を受け、天下に君臨した。徳を含霊《がんれい》（人びと）に広めて及ぼそうと思う」

こう述べて、さらに、倭皇の民を慈《いつく》しむ姿勢、治世の安定、人びとの風習が睦《むつ》まじく、志《こころざし》高くはるばる朝貢してきたことを褒め、忠誠心を素直に喜び、裴世清を送ったことを告げ、あわせて物を下賜している。

裴世清はこの親書を日本側のふたりの役人に手渡した。役人はこれを、「大門」の前の机の上に置いて奏し、儀礼は終了したというのである。

不思議なことはいくつもある。外交劇の主人公である推古女帝と摂政《せっしょう》の聖徳太子《しょうとくたいし》、そして彼らを後押ししていた実力者・蘇我馬子《そがのうまこ》らの姿が、どこにも描かれていない。

「大門」は「みかど」と読むが、推古天皇のことを指しているのか、「大きな門」と捉えるべきなのか、判然としない。そもそも、『隋書』が取り上げた「日出ずる処の天子、書を日没する処の天子に致す、恙無きや、云云」の国書の文言を、『日本書紀』が取り上げなかったことも、不思議なのだ。

蘇我氏の手柄を記録したくなかった『日本書紀』

一方『隋書』倭国伝には、裴世清がヤマト政権に歓待されていたことがはっきりと記録されている。

その王は裴世清に会い、大いに喜んで「私は聞いている。海の西に大隋という礼儀の国のあることを。そこでこうして朝貢したのです。われわれは野蛮人で、海の片隅に暮らし礼儀をわきまえません。よっていままで、島の中から外に出ようとはしなかったのです。

今こうして、道を整備し、館を飾り、ようやく大使（裴世清）をお迎えすることができるようになりました。できることならば、大国の維新《いしん》の化《か》をお聞かせ願いたい」と語った。裴世清はこれに応《こた》え、方物を与えた。

ところが、『日本書紀』はまったくこのやりとりを記載していない。その代わりに、裴世清が帰国した時、朝廷は小野妹子を大使として「東の天皇が、慎んで西の皇帝に申し上げます」と、挨拶の言葉を授け隋に改めて派遣したと『日本書紀』にはある。

これら対隋外交劇における『日本書紀』の聖徳太子の記述には、なぜか「隠匿」の匂いがつきまとう。

その理由は、『日本書紀』が蘇我氏全盛期の外交戦の手柄を礼讃《らいさん》することはできなかったからだろう。さらに付け足しておくと、「改革派の蘇我氏」を「改革を邪魔立てした蘇我氏」にひっくり返すための「偶像（本来存在しなかった聖者）」が厩戸豊聡耳皇子《うまやどのとよとみみのみこ》（聖徳太子）であり（拙著『聖徳太子の秘密』ＰＨＰ文庫）、『隋書』に記録されてしまった外交戦の一部始終を語るわけにはいかなかったからだと筆者は考えている。ただし無視するわけにもいかないので記事にしたが、重要な場面で、政権の中枢に立つ人びとを登場させなかっただけのことだろう。

厩戸皇子（聖徳太子）
出典：菊池容斎著『前賢故実』（郁文舎）より。
国立国会図書館デジタルコレクション
https://dl.ndl.go.jp/pid/778237（参照 2023-05-16）

それだけではなく、聖徳太子の右腕であった小野妹子に関しても、『日本書紀』は奇妙な態度に出ている。小野妹子を邪険に扱っているのだ。

小野妹子が帰国する時、隋から預かった書簡（返書）を奪われて紛失するという事件が起きていた。小野妹子は「百済国を通過していた時、百済人が探し出して盗み取りました。だから、奉《たてまつ》ることができません」と奏上した。すると群臣たちは「使者は死んでも任務を遂行するものだ。この使者はなぜ、怠慢にも大国の書簡を失ったのか」と叱責し、流刑《るけい》に処することにした。しかし推古天皇は「軽々しく弾劾してはならない。それを知れば、隋の使者が不都合だろう」と仰せられて、罪を許したと『日本書紀』は記録している。しかし、裴世清は国書を「大門の前に置いた」とも『日本書紀』は証言していて、話は矛盾する。『日本書紀』編者は小野妹子にケチをつけたかったのではあるまいか。『日本書紀』が推古朝の遣隋使を「誇らしげに」語らなかったのは、『日本書紀』が親百済派（要は百済系渡来人《とらいじん》や白村江《はくすきのえ》の戦いに敗れて亡命してきた百済人）によって編まれていたこと、蘇我政権の外交策が百済を追い詰める結果になったからである。

「日出ずる処の天子」は何を意味する？

推古朝の遣隋使のもう一つの問題は、ここで日本側が、中国と対等に渡り合おうとしていたのではないかと考えられていることである。多くの史学者が、そう推理してきた。

坂本太郎は、「日出ずる処」と「日没する処」を並べた書き方は、中国王朝に爵号を求めていた国々にとって「全く思いもよらぬ飛躍である」と述べる（『聖徳太子』吉川弘文館）。また、「書を致す」という表現は、突厥《とっけつ》が隋に送った国書に、「恙無きや」は、漢の文帝四年（前一七六）に匈奴《きょうど》が漢《かん》に送った国書の中に見られ、突厥や匈奴が、隋や漢と対等の立場にあった時に送られた国書の文言だったと指摘した。だから聖徳太子は、「あくまで対等の立場を貫徹して、こうした国書を贈ったものであろう」（前掲書）と推理した。

これに対し煬帝は、歴代中国帝国の「外蕃《がいばん》を慰撫《いぶ》するという伝統的なやり方を踏襲した」

「虚栄心の強い煬帝の心を動かした」（前掲書）と解釈したのである。しかも、この時代の隋は、高句麗に頭を悩ましており、高句麗とヤマト政権が近しい関係になりつつあることをもわかっていて、無礼の国書を咎めることはしなかったとする。

吉村武彦は「推古《すいこ》朝の倭国の対中政策は、かつての倭の五王時代とは異なって、中国の冊封《さくほう》体制を離脱して、中国と外交上では対等関係を結ぼうとしたものだった」と言い、だからこそ、「日出ずる処の天子……」という刺激的な文章が登場したのだと指摘している。しかも、高句麗が大国隋の言いなりにならなかった様子を参考に、もはや倭国は隋の後ろ盾を必要としないのだから、独自路線をとり始めたのではないか、と言うのである。さらに、朝鮮半島の百済は隋に朝貢していたが、その百済は倭国にも朝貢している。とすれば、倭国が対外政策の筋《すじ》を通すためにも、中国と対等であることが望ましかった、と言うのである（『日本の歴史③　古代王権の展開』集英社）。

井上光貞は、五世紀の倭の五王は、中国の「天子」に仕える「外臣《がいしん》（王）」の地位に甘んじていたこと、自ら「臣」とへりくだっていた。ところが遣隋使の国書に示された「アメノタリシヒコ」になると、「外臣」ではなく、それより上の「外客臣」で、対等国の行動に転じていると指摘している。その上で、日本の使節が無礼な態度に出たことに関して、「久しく中国との国交を絶って田舎者になっていたためであろうか。それともまた、一世紀の空白のあいだに蓄積された国力と文明にたいする自負がこうさせたのであろうか」（『飛鳥の朝廷』講談社学術文庫）と、述べている。

また、吉田孝は、次のように指摘している。

隋の煬帝が怒ったのは、東海の小国の王が「天子」を自称したからで、これでは日本の王が中国の皇帝と同等になってしまう。しかも、「日の出る国の天子と日の沈む天子」の対比になる。

『万葉集《まんようしゅう》』も、中国を「日の沈む国」と記録している。吉田孝は、これを重視して、日本国号について考察を加えている。

天平《てんぴょう》五年（七三三）の入唐使《にっとうし》に贈った歌があって（巻一九・四二四五）、そこに、ヤマト（大和）の国の奈良の都から難波《なんば》に下り、住吉《すみのえ》の御津《みつ》（港）から船に乗り、まっすぐに日の入る唐の国に遣わされる……というのだ。「どうか、住吉の神の御加護《ごかご》を」と祈った歌なのだが、ここでも中国は日の入る国と言っている。日本列島の共通の認識だったのだろう（中国が西側にあって、日の沈む方角にあるから、当然と言えば当然のことだ）。

「日本」の国号は、大宝《たいほう》律令（七〇一）が制定されたころ定着したが（それ以前は「倭」）、名の由来について、古くから議論されてきたようだ。日本を起点にすると太陽は日本の国から出ない。ならばなぜ日本なのか、という謎である。平安時代の講書（『日本書紀』の解釈をめぐる講義）で「唐を基準にした」と答えが出ていた。これを受けて吉田孝は、次のように指摘している。

唐の皇帝から冊封《さくほう》を受けない、すなわち「日本国王」に任命されることを求めなかった独立国「日本」の朝廷も、みずからの国号を定めるとき、中国を基軸にして世界をみていたのである（『大系日本の歴史3　古代国家の歩み』小学館ライブラリー）

ただし、これらの日本国号にまつわる推論に従うことはできない。

国号「日本」をめぐる問題

「日本」は、古代の東西日本の東側を指していたと思う。『旧唐書《くとうしょ》』倭国伝に、「倭国は古《いにしえ》の倭奴国《わのなこく》なり」とある。「奴国」は、福岡市周辺のことで、中国の言う「倭国」は、もともと弥生時代後期の北部九州やその周辺だった可能性が高い。そして『旧唐書』日本伝は、次の記事も載せる。

日本国は倭国の別種なり。その国日辺にあるを以《もっ》て、故《ゆえ》に日本を以て名となす。あるいはいう、倭国自らその名の雅《みやび》ならざるを悪み、改めて日本となすと。あるいはいう、日本は旧《ふる》くは小国なれども、倭国の地を併せたりと。

この一節は重要な意味を持っている。すでに触れたように、ヤマト建国は奈良盆地を中心とする「東（銅鐸《どうたく》文化圏）」が、「西の北部九州」を飲み込んだ事件だった。「西の北部九州は大国＝富み栄えた」国で、倭国（北部九州）の別種で小国（鉄をほとんど持っていなかった貧しい地域）の日本国が倭国を併合したという伝承は、正しかったわけで、さらに、北部九州を飲み込んだ国が東方の日の出る方角にあったから「倭国（奴国・九州）から見て東は日本」なのであって、「日本」は中国大陸を基軸にして生まれた国号ではない。だから、日本国号自体が、中国に対する対等な意識の表れとは考えられない。

ならば、その他の「日本対等外交論」はどうだろう。

黛弘道も、対隋外交は対等なものだったと考えている（『岩波講座　日本歴史　第2巻　古代2』

岩波書店）。

この時代の聖徳太子は、天皇権力の確立を目指し、海外と敵対することなく、国内体制の整備に尽力したとする。たとえば、推古天皇十八年（六一〇）に新羅の使人が来日した時、聖徳太子は温かく迎え入れ、新羅との融和をはかり、国力を誇示したと指摘している。また、五世紀の倭の五王は朝鮮半島における立場を優位に保つ目的で中国南朝に通じたが、卑屈な態度をとらざるを得なかったというのだ。

これに対し聖徳太子の対隋外交は、「面目を一新し、堂々、彼我対等の礼をもって接した」という。新たな外交時代を招いたというのである。

また、推古天皇八年（六〇〇）の最初の遣隋使は、日本と新羅が対立し、一方隋は高句麗征伐の直後のことで、中国の遠交近攻策を逆手にとり、うまいタイミングで交渉に入った点、聖徳太子の手腕を認めるべきだとする。第二回の遣隋使に際し、煬帝が機嫌を損ねつつも裴世清を送ってよこしたのは、まさに、高句麗遠征の準備中のことだったからと考えた。「太子は自主対等の対隋外交をめざし、大陸文化を積極的に摂取する途《みち》を開き、外交・文化の面で皇室の優位を確立しようとした」（前掲書）という。私見を当てはめれば、自主対等の対隋外交を目指したのは、「太子ではなく蘇我政権」ということになるが……。

上田正昭は『宋書《そうしょ》』倭国伝に四二一年から四七八年までの間に一〇回にわたる遣使が記録されるが、そのあと六〇〇年の遣隋使まで途切れること、「冊封体制から倭国の王者が離脱してゆく」こと、その前提には、「治天下大王」の自覚があったとする。その後、頻繁に中国に遣使しているが、爵号の類を与えられていないことは、高句麗や百済、新羅と異なった独自の歩みを始めていて、その前提に立って、「日出ずる処の天子」という自覚が誕生したと言っている（『倭人のクニから日本へ』鈴木靖民編／学生社）。

日本は中国に対し対等外交を目指したのか

ところが、近年、異なる発想で遣隋使をめぐる謎解きが進んでいる。

日本は中国に対し対等外交を目指したという推理は、まったくの誤解だと指摘したのが、河上麻由子だ。古い常識を根底から覆《くつがえ》す推理を働かせている。

まず、件《くだん》の遣隋使の事件は、戦時中の教育に利用されたと指摘する。

太平洋戦争中、戦況が悪化するにつれて、教科書に聖徳太子を称賛する記述が増えていったという。それは、威張り散らして周囲を見下していた隋に対して、対等関係を主張した聖徳太子の姿が、当時の国策と一致したからだというのである。

そして、「遣隋使が中国との対等な立場を主張したという説は、二一世紀に入った今日でも常識として社会に共有されている」と指摘した（『古代日中関係史』中公新書）。その上で、新たな日中交渉史にチャレンジしている。

まず、稲荷山《いなりやま》古墳出土金錯銘鉄剣《きんさくめいてつけん》（埼玉県）に「治天下」の三文字が刻《きざ》まれ、ここにある「天下」から、ヤマトの王家が日本列島を起点にその周辺に影響力を及ぼす「小中華主義」に陥ったとする通説に対し、そもそも「天下」とは何を意味していたのかを問い直している。

①民族や地域を超えた同心円状に広がる世界と世界秩序。帝国概念（広義の天下）。
②中国を取り巻く大海によって限界づけられた封鎖的空間。強力な統治圏下にある国民国家（狭義の天下）。

その上で、これまで信じられてきた遣隋使に対する評価は、次のようなものだと整理した。すなわち、倭国は五世紀の倭の五王の時代に帝国的な世界観を生み、中国の冊封体制からすでに抜け出ていた。だから、七世紀に隋へ朝貢して臣下の礼をとるはずがないというものだ。つまり、五世紀に倭は①のような帝国的世界観を持ってしまったのだから、遣隋使の時代になっても、中国に対し、対等外交を演じようとしたというのだ。

これに対し河上麻由子は、稲荷山古墳出土鉄剣銘文が渡来人の手で作成されていたこと、渡来人の考える「天下」の意味を、当時の倭国の支配者層は理解し、それを自身に当てはめることができただろうかと、疑念を抱《いだ》く。中国の言う「天下」は実効支配領域であり、広域の世界を含む「天下（帝国概念）」は、例外的だったという。

鎌田元一も、稲荷山古墳出土鉄剣銘に「獲加多支鹵《わかたける》大王（雄略《ゆうりやく》天皇）が斯鬼宮《しきのみや》にある時、乎獲居《をわけの》臣《おみ》（銘文の主人公）が天下を左治した（大王の治天下を佐《たす》けた）」とあるこの「天下」も、古代文献に「某宮治天下天皇」と一般的に使用されていて、大王（天皇）が支配する領域（国土）の全体を意味するという（『日本の社会史　第6巻　社会的諸集団』朝尾直弘ほか編／岩波書店）。

河上麻由子は鎌田元一の考えを踏まえた上で、五世紀から平安時代に至るまで、日本の言う「天下」は、自らの支配領域を指しているにすぎないと考え、稲荷山古墳出土鉄剣銘も同じだと指摘した。

ならばなぜ、雄略天皇（武王）からあと、約一〇〇年に渡り、中国王朝への朝貢は途絶えたのだろう。それは、雄略天皇の出現からあと、国内情勢が安定しなかったからだという。王家の力は雄略天皇の時代にピークを迎えたが、雄略天皇の王家は子の代で終わり、直系継承の維持は難しくなった。さらに六世紀初頭には、越《こし》から応神《おうじん》天皇五世の孫を招き入れるという異常事態も出来《しゅったい》した。一連の混乱が収拾するのは、蘇我氏が実力をつける時代である。

尊大に聞こえる「日出処」の本当の意味

河上麻由子は、もう一つ、通説を批判している。

遣隋使が隋の皇帝に送った国書の「日出ずる処の天子、書を日没する処の天子に致す、恙無きや、云云」の、尊大な「日出処」のことだ。

まず、東野治之の論考に注目している。「日出処」「日没処」の出典が経論《きょうろん》（お経に注釈を加えたもの）の『大智度論《だいちどろん》』（インドで作られた『摩訶般若波羅蜜多経《まかはんにゃはらみったきょう》』の注釈書）だったことを説き（『遣唐使船　東アジアのなかで』朝日選書）、「東西」を意味する表現にすぎないと指摘している。『大智度論』には「日が出るところは東、日が沈むところは西、日が行くところは南、日が行かないところは北」とあり、東西南北それぞれの優劣を語っているわけではない。つまり、東の倭国が偉大で、西の隋を下に見た表現ではないと言うのだ。

それだけではない。例の国書の中で、隋の皇帝を「菩薩天子」と呼んでいる。だから、国書の中に登場する「天子」も、天命を授かった子ではなく、菩薩天子を念頭に考えるべきだと言う。煬帝は実際に天台宗《てんだいしゅう》の開祖から菩薩戒《ぼさつかい》を受け、「総持《そうじ》菩薩」の法名《ほうみょう》を獲得していた。中華思想では、天子はこの世でひとりだけなのだから、国書に現れた「天子」を、中華思想で理解することはできないと言う。

さらに、倭の五王も遣隋使も、中国皇帝の優位を認め、中国の秩序に参入する目的があったとする。ただ、倭の五王が冊封を求めたのに対し、遣隋使は冊封を要求していない。それは、これまで考えられてきたように、ヤマト政権が対等な関係を求めたからなのだろうかと疑念を抱いている。

これを踏まえた上で、河上麻由子は、政治的にも軍事、文化、経済、仏教、どれをとっても倭国は隋に対抗できるレベルではなかったと考えた。また、第一回の遣隋使で蒙昧を思い知らされた倭国は、法や国内制度の改革を急いだ。隋の圧倒的優位性を知っていたと言うのだ。したがって、隋と対等だから冊封を要求しなかったとは考えられないとする。

問題は隋の態度で、六〇〇年頃から、周辺国を冊封体制に組み入れることに熱心ではなくなってしまったと言うのだ。五九八年の高句麗征討でも、謝罪してきた高句麗王を、文帝が再度冊封したかどうか、記録にない。次の煬帝が出兵した時、高句麗王の官爵号を削除したという記事もない（つまり、冊封していなかった？）。同時代の百済で、王位が父から子に継承された時も、冊封の記録がない。

一方倭国側も、王権の成熟度が大きく変わっていたとする。すなわち、天皇中心の支配体制は、蘇我氏の力添えもあり徐々に強化されつつあり、群臣らの序列化も進み、冠位を下賜《かし》する天皇の地位は高まった。だから、中国の後ろ盾を必要としなくなったと、河上麻由子は言う。推古天皇や聖徳太子の外交が、中国と対等に渡り合おうとしたわけではなかったと結論づけるのである。

しかし、それほど話は単純ではないと思う。話は再び五世紀の倭の五王に戻る。

日本で独自に発展した「天下」「天子」思想

倭の五王最後の武王（雄略天皇）は、百済が高句麗に攻め落とされてしまった直後に宋（南朝）に遣使している。その上表文の中で、爵位を求める理由を、中国の天下思想に則り、天下の主催者は皇帝であり、倭王は藩屏《はんぺい》にすぎないこと、皇帝の徳を慕って朝貢し、しかも東方の毛人《もうじん》（蝦夷）を成敗すること五五国で、中国皇帝の領土を拡大しましたとまず提示し、次のように説明（力説）している。

高句麗は無道にも辺隷（辺境の隷属国）の百済を討ち、宋への朝貢の道を閉ざしている。父親の代から、高句麗征討が悲願で、そのために、「開府儀同三司《かいふぎどうさんし》（高句麗王がひとり獲得している）と使持節《しじせつ》、都督《ととく》倭・百済・新羅・任那《みまな》・加羅《から》・秦韓《しんかん》・慕韓《ぼかん》七国諸軍事《ななこくしょぐんじ》、安東大将軍《あんとうだいしょうぐん》、倭国王」の官職が必要だ……というのである。

武王は高句麗を意識して上表文を書き上げている。ヤマト政権が高句麗と同等の地位に立てば、宋も倭の利用価値が高まると感じるはずだという皮算用もあったかもしれない。

ところが、宋側の倭に対する評価は低かった。認められたのは安東将軍から安東大将軍への昇叙だけで、開府儀同三司は認められず、都督諸軍事の管轄範囲に百済は含まれなかった。「安東大将軍」にしても、高句麗王の征東大将軍《せいとうだいしょうぐん》と車騎大将軍《しゃきだいしょうぐん》、百済王の鎮東大将軍《ちんとうだいしょうぐん》よりも、ランクが落ちる。

江田船山古墳出土大刀銘と稲荷山古墳出土金錯銘鉄剣の発見によって、「治天下大王」の称号が雄略天皇の時代に使われ始めていたことがわかった。つまり、天《あま》つ神の子孫が大王であり、治天下大王と呼ばれ、ヤマト政権が影響力を及ぼす小世界を「天下」と呼ぶようになった。すると、「天下を支配する中国皇帝＝天子」から爵位を求めようとしたこと自体に、ヤマトの王家は矛盾を感じたのではないかと考えられている。

そして、事実ここから、倭王は冊封体制から離れていく。日本の歴史の中で、中国の冊封体制に組み込まれたのは、王権が成熟していなかった頃、中国の権威を必要とした邪馬《やま》台国《たいこく》の女王卑弥呼と倭の五王だけということになった。

また、熊谷公男はこの冊封体制には組み込まれない理由を理解するには、倭の五王の蹉《さ》跌《てつ》を知る必要があると言う。倭の五王は宋に高い爵位を求めたが、高句麗や百済よりも低く、朝鮮半島における権威を保つために中国王朝に朝貢し、頭を垂れ、爵位をもらう意味がなくなったという(『日本の歴史03　大王から天皇へ』講談社学術文庫)。言われてみれば、その通りだ。

すでに触れたように、五世紀の倭の五王は、高句麗の南下政策に対抗し、朝鮮半島最南端の国々と手を組んでいた。しかも百済と新羅は人質を倭に差し出した。従属したわけではないが、王が子を預けて、「裏切らない」約束をしたのだ。ただし新羅は、生き残りのために、日本だけではなく高句麗にも人質を送っていた。

このような状態の中で、倭王の爵位が朝鮮半島諸国よりも低いとなると、かえって面目が立たない。

熊谷公男は、倭の王家にとって、中国の冊封は常に必要だったわけではないと言い、倭と中国の交流は、何度も途絶えていること、「冊封体制」論とは、「もっぱら中国王朝側の論理によって組み立てられた歴史理論」ではないかと疑っている。古代日本にとって、中国の冊封に組み込まれるのは、「複数ある外交形式の一つにすぎなかった」と言う。

そしてここで話題を遣隋使に戻すと、熊谷公男は、中国の皇帝にとって、「天子」はこの世でただひとりのはずである。一方当時の日本で独自に変容した「天下」思想は中国の人には通用しなかったこと、この遣隋使でヤマト政権側が、それを「思い知らされた」と言う（前掲書）。また、『隋書』倭国伝にあるとおり、「倭王が朝貢してきた」と書いているのだから、対等の外交のはずがないと、指摘した。また、第二回目の遣隋使に対し、裴世清を添えて送り返してきたが、裴世清の官品（官職のランク）は非常に低く、卑官だったのだから、倭国に対する評価も低かったと言うのである。なるほど、説得力がある。

七世紀のヤマト政権は、倭の五王の経験知を活かし、失敗をくり返さなかったのではないかと熊谷公男は推理している。しかも、冊封を受けずに朝貢関係だけは継続するという「それまでにない外交関係を取り結ぶ」ことになったと指摘している（前掲書）。そのとおりだと思う。

河上麻由子が言うとおり、聖徳太子（蘇我政権）が隋に送り付けた国書は、中国を見下すものではなかっただろう。六世紀から七世紀のヤマト政権が、中国に卑下していたかというと、それも違うと思う。

これまで、古代日本は中国文明から多くを学び、常に風下に立っていたという前提で謎解きが進んできたように思う。

河上麻由子も、程度の低かった日本が、中国と対等に渡り合うはずがなかったというこれまでの常識を踏襲しているように思えてならない。しかし、何か違和感を覚えるのだ。はたして古代日本人は、中国を尊敬し、仰ぎみて、拝むようにして文明を欲しただろうか。倭の五王のあと、なぜ長い間、日本は中国の冊封体制に組み込まれなかったのだろう。色々な要因はあっただろう。冊封を受ける意味は消えかかっていたのかもしれない。しかし、最大の原因は、「文明に対する懐疑の念」が、日本人の心の奥底に沈殿し続けたからではあるまいか。次章で、このあたりの事情を、説明していこう。

第五章

中国の正体と日本の宿命

相容《あいい》れない中国と日本

中国と日本は、今、緊張関係にある。貿易でお互いに利益を共有しているが、尖閣諸島と台湾海峡、西太平洋をめぐって、中国と日本の利益は相容れない。

大陸国家と海洋国家の間には、埋めることのできない意識の差がある。それは、「常に国境は動くものだ」という大陸側に対し、「国境線はそう簡単に動かせないものだ」という海洋国家の油断である。国境は動くから、常に軍備を整えて外敵に備えるし、隣国が油断をすれば、国境をじりじりと動かしていく。そして、戦争が勃発する。これが、大陸国家の常識であり、二十一世紀になってもそうであることは、ロシアによるウクライナ侵略によって明らかになった。

「平和憲法さえ守っておけば隣国は攻めてこない」という発想は、島国の油断であり、内燃機関が発達し、自在に、なおかつ安全に大海原を航海できるようになった今、島国の安全性、優位性は消え去った。陸続きの国々は、「海続き」の日本に、触手《しょくしゅ》を伸ばすだろう。だからこそ、大陸国家の発想を、海洋国家のぬるま湯に浸かってきたわれわれは、知っておく必要がある。事実中国は盛んに反日的行動に出ている。

横山宏章は中国の反日言動は、三つの側面を持っていると指摘する。

①中国共産党が上から指導する国策としての反日あるいは日本批判
②歴史的に苦渋を味わわされた国民の反日感情
③日本世論が反中を叫ぶから、条件反射的に反日を叫ばざるを得ないと説明される反日

（『反日と反中』集英社新書）

その上で、中国にとって反日は不可欠だと言う。国民を結束させるためなのだ。その根拠は、中国共産党の歴史に隠されていると言う。

中国共産党は一九二一年にソ連の援助によって結成された。そのあと中国共産党は孫文《そんぶん》の国民党と手を組み（国共合作）、「反軍閥、反帝国主義」を標ぼうし、国民革命を目指した。そののち、国民党が中国を統一し、中国共産党は弾圧を受けるようになると、毛沢東《もうたくとう》は「農民革命」を目指して共産党軍（紅軍《こうぐん》）を組織した。また、対日戦で国民党は重慶《じゅうけい》に逃げてしまったが、共産党軍はゲリラ戦を展開し、抗日戦争の主役に躍《おど》り出たのだった。このため、日本が負けたあと、国民の支持を得た毛沢東の中国共産党が国民党を駆逐し、一九四九年に

中華人民共和国を立ち上げたのだった。

「中国共産党の革命原点は抗日であり、反日であった」と、横山宏章は結論づける。

冷戦が終わって、日中関係は友好関係に変わったが、なぜ、いまだに反日姿勢を維持しているのだろう。中国は黄河《こうが》流域の狭い土地から広大な領土を保有するようになった。漢民族を中心に、五五の少数民族をも抱《かか》え込みモザイク国家となった。だから求心力が必要で、強権的な中央集権体制は守らなければならない。そこで、「マルクス主義に代わって国民統合のシンボルとして愛国主義が叫ばれ始めた」（前掲書）と言う。まさにそのとおりだろう。

文明との付き合い方を心得ていた日本

横山宏章は、日中が和解できない最大の理由に、歴史的反目を掲げている。古代から続く日中の長い歴史を見渡せば、友好の時間の方が長い。しかしそれは、中華帝国が圧倒的に強く、中華と対立できなかったからだとする。しかし、国際関係のパワーバランスが激しく変化している今、日中関係が安定することはないだろうと言う。近代一五〇年の間に、反日と反中は、両国の国民感情に浸透してしまい、これはすぐに解けるものではないと言うのである。

それに私見を加えるならば、日本は古代から中国に憧れていたわけではないということなのだ。しかも古代日本は「中国が大好きで大好きで、だから友好関係を結んでいたか」と言うと、「そんなことはない」と、言わざるを得ない。

中国は東アジアの大国（超大国）で、朝鮮半島に圧力をかけ続けたから、朝鮮半島の鉄が必要不可欠だった日本列島人は、中国を無視することはできなかった。そして、中国文明の上澄みだけをすくい取ることに成功したのだ。これは、じつに幸運なことだった。

同じモンゴロイド（黄色人種）で北米に渡った人びとは、一万年以上にわたって、文明とは無縁の生活を送っていた。アメリカ大陸は狩猟採集民にとって楽園であり続けたが、コロンブスが「新大陸を発見」したことで、奈落の底に突き落とされたのだ。武器に決定的な差が生まれていた。ところが日本は、「文明に対する免疫力があった」「文明との付き合い方を心得ていたから生き残った」わけである。

しかも、それを可能にしたのは、「日本が海に囲まれた島国」で、朝鮮半島や中国大陸との往来が可能な距離だったことにある。列島人は果敢に外洋に飛び出す海人《あま》であり、だからこそ、朝鮮半島や大陸の情勢を知ることができたわけである。

そして優秀な海人たちは、文明が森林を切り尽くし、災害をもたらし、戦争が勃発する事実とその情報を、列島に持ち帰っていただろう。

日本と中国がなぜ相容れないのか。その理由は、列島人が中国文明の本質を見極めた上で、恐れたからだろう。

日本人は縄文《じょうもん》人の末裔で、多神教的で、海人の文化を強く継承していたこと、逆に中国は、大陸的で、共存を拒む漢民族の末裔だから、まったく異なる文化と嗜好を抱《いだ》き続けてきたことに気づかされる。その点において両者は「異なる民族」であり、「一つのアジア」として括ることもできないのである。

だから、極東の島国の日本列島人（倭人《わじん》）の素姓について、改めて探っておきたい。これまで「日本人は稲作民」と、信じ込まれてきたが、むしろベースにあるのは、狩猟採集民の縄文文化であり、海人の文化なのである。縄文文化と海人について、探っておきたい。

中国の文献に現れる「倭人」像

今でこそ、日本文化の基層には縄文的な思想が残っていると考えられるようになったが、つい近年まで、日本は渡来人《とらいじん》の文化をそのまま移入したと考えられてきた。「倭人」と縄文人は切り離されてきた。そこで「倭」について考えておきたい。

日本列島と周辺の住民は「ワ」と呼ばれてきた。それを中国では、「倭」の漢字を当てた。意味は、矮小《わいしょう》、猫背などを表す。「魏志倭人伝《ぎしわじんでん》」には、北部九州周辺の倭人について、「海によく潜り、魚や貝を獲り、イレズミをしている」とあって、倭人の習俗は海人のそれと言っている。水上生活者「水人《すいじん》」を倭人と呼んでいる。

この倭の水人（海人）と中国の南部に、大きなつながりがあると鳥越憲三郎は推理する。長江《ちょうこう》流域の文化が、日本に大きな影響を及ぼしたのは、華南《かなん》の人びとが日本列島に稲作をもたらしたからだと言う。つまり弥生人《やよい》（倭人）は、長江下流域（江南《こうなん》地方）の原住民であり、「兵戈《へいか》や迫害によって広域に移動分布し」、その一部が日本列島にやってきたこと。そして日本列島以外にも広く分布した彼らを倭族《わぞく》と呼び、華南が日本人の故郷だと指摘している（『古代中国と倭族』中公新書）。

また、福永光司は、この中国の言う「倭」は、日本列島の範囲に収まらないと言う。文献上の「倭人」の初出は、『漢書《かんじょ》』地理志《ちりし》の「燕地《えんち》」の条で、一世紀の話だ。「楽浪《らくろう》の海中に倭人がいる。分かれて一〇〇余国となる。定期的に朝貢《ちょうこう》してくる」とある。「楽浪の海中」ということは、西朝鮮湾から渤海湾《ぼっかい》、黄海《こうかい》に至る水域で、「燕地」の条の記事なのだから、今の北京《ペキン》や河北《かほく》の地域にも、倭人がいた可能性があると言う。たとえば紀元前三世紀の『山海経《せんがいきょう》』には、「倭は燕に属している」とあって、『魏書《ぎしょ》』には、燕地に都を置く後燕《ごえん》国王の王子が生け捕りにされたという記事があり、「倭奴《わど》」の名で呼ばれている。

後漢《ごかん》の『論衡《ろんこう》』には、「周《しゅう》の時、天下太平で、越裳《えつしょう》（ベトナム北部）は白雉《はくち》を献上し、倭人は鬯草《ちょうそう》を献じてくる」とある。鬯草は、祭祀に用いる草（芳草）だ。注いで神降ろしをする。『逸周書《いつしゅうしょ》』（儒教《じゅきょう》の古典）に、東方の夷狄《いてき》（東夷《とうい》）が周に多くの貢献をしているとあり、このことからも、鬯草を献じてくるのは、「倭の水人」と強くつながっていた呉《ご》や越《えつ》（中国南部）のことだと指摘している。時代がだいぶ下った証言だが元《げん》の時代の『通鑑前編《つがんぜんぺん》』に、「呉の不逞《ふてい》の輩《やから》（まつろわぬ者ども）が船に乗って海を渡り倭人になった」とある。こう見てくると、たしかに華南と倭人には接点がある。

倭の水人の技術が狙われた？

ただし、異なる考えもある。

『論衡』を記した王充《おうじゅう》は江南人（会稽郡《かいけい》）で、現在の紹興市《しょうこう》に住んでいたが、越の都があった場所で、越の中心でもある。近くの寧波港《ニンポー》は海の民の港だった。遣唐使《けんとうし》船もこのあたりに立ち寄ったことがあるし、のちの時代には日明《にちみん》貿易の拠点となった。考古学者の森浩一は、『論衡』の倭人記事は、倭人が渡航してきた伝承がこの地に残っていたからではないかと考える。

また森浩一は、『論衡』が越人と倭人を同じセンテンスで語っていることを、偶然ではないと指摘した。『論衡』に記された「倭人」は、釜山《プサン》の東三洞貝塚《とうさんどうかいづか》に土器をもたらした縄文人ではないかと推理した。また、朝鮮半島南部の固城《こじょう》郡の東外洞《とうがいどう》遺跡から、中国の越の印文陶《いんもんとう》（日本では縄文後期から弥生時代にあたる）の破片が少量ながら見つかっている。日本では、沖縄県や長崎県の五島《ごとう》列島などで、やはり破片が出土している。また、東外洞貝塚で、日本の対馬《つしま》に多く見られる「広鋒銅矛《ひろさきどうほこ》」が見つかっている。広大な地域の交易のネットワークが想定可能だ（『日本の古代（1）倭人の登場』森浩一編／中公文庫）。

考古学者で民族学者でもある金関丈夫は、中国に現存する最古の地理書『山海経』に、東海に住む「水居」する「偎人《わいじん》愛人」が記録されていることに注目した。水居する人は漁撈者《ぎょろうしゃ》だろうし、「愛人」の二文字は意味不明だが、「偎」は「倭」の発音と近いことから、倭人のことと考えた（『ゼミナール日本古代史上』上田正昭ほか編／光文社）。

森浩一は中国の文書に記録された「倭人」を、縄文時代後期や晩期までさかのぼる日本列島の人びとと推理した。中国人には倭人は航海に長け、漁撈活動を得意とする水人に見えたのだろうと言う。「東北アジアの諸集団に倭人ほどの水人は文献上ではみられない」と言い、金関丈夫の推理を支持している。

森浩一は倭人が優れた水人だった証拠を、いくつも挙げている。たとえば『後漢書《ごかんじょ》』には、東北アジアの鮮卑《せんぴ》族の勢いが強く、人口爆発を起こして食糧が不足したこと、魚を捕りたいと思い、倭人が得意にしていることを知り、一七八年に「千余家をえて、秦水のほとりに移住させ、魚を捕らせ（後略）」たとある。日本は弥生時代後期で、各地に高地性集落が造られ、騒乱状態が続いていた。いわゆる「倭国大乱《わこくたいらん》」の時代だ（前掲書）。

よく似た事件は、平安時代にも起きている。末法の世の前兆とされる事件だ。それが一〇一九年の刀伊《とい》の入寇《にゅうこう》で、女真《じょしん》族が五〇余隻の船で対馬、壱岐《いき》、肥前《ひぜん》、筑前《ちくぜん》に押し寄せ、一三〇〇名の男女を捕らえ、拉致《らち》している。被害に遭《あ》ったのは沿岸部の人びとであり、目的は、水人の技術を欲したということだろう。

「優れた水人」と認識されていた倭人

問題は、なぜ時間を隔《へだ》てて似たような事件が起きてしまったのかである。おそらく大陸側には、「日本列島人は優秀な漁撈民であり海人」という共通の認識があって語り継がれていたのだろう。

前述した東三洞貝塚からは縄文後期の鐘崎《かねざき》式土器など、北部九州からもたらされた土器などが見つかっている。福岡県宗像《むなかた》市の鐘崎貝塚の土器が標識になったのが鐘崎式土器だが、ここを根城《ねじろ》にして活躍したのが、鐘崎海人で、宮本常一は、鐘崎海人が対馬や壱岐に、また朝鮮半島に進出した海士《あま》だったことを指摘している。

この海域は交通の要衝で、瀬戸内海から博多に行く場合、また本州の西側を日本海側から北上するには、必ず通過しなければならない。その宗像の海人の中の中心にいたのが鐘崎の海人で、対馬、壱岐、朝鮮半島南部へ活動の場を広げていた（宮本常一『海に生きる人びと』河出文庫）。倭の海人の実力を侮ることはできない。ちなみに、鐘崎の沖合は玄界灘《げんかいなだ》の中でも有数の航海の難所で、瀬戸内海の村上水軍《むらかみすいぐん》と同様、「航海の素人《しろうと》さんやよそ者」には近寄りがたい海域を拠点にしていたのだろう。

そしてここに織機《おりはた》神社が鎮座している。主祭神は武内宿禰《たけのうちのすくね》と志賀大神《しかのおおかみ》（阿曇《あずみ》系）、住吉大《すみよしのおお》神《かみ》、壱岐真根子命《いきのまねこのみこと》で、式内《しきない》の名神大社《みょうじんたいしゃ》だ。他の拙著の中で詳述したように、武内宿禰は阿曇氏や住吉大神と強く結ばれ、阿曇氏の祀る綿津見神《わたつみのかみ》と住吉大神は、日本を代表する海の

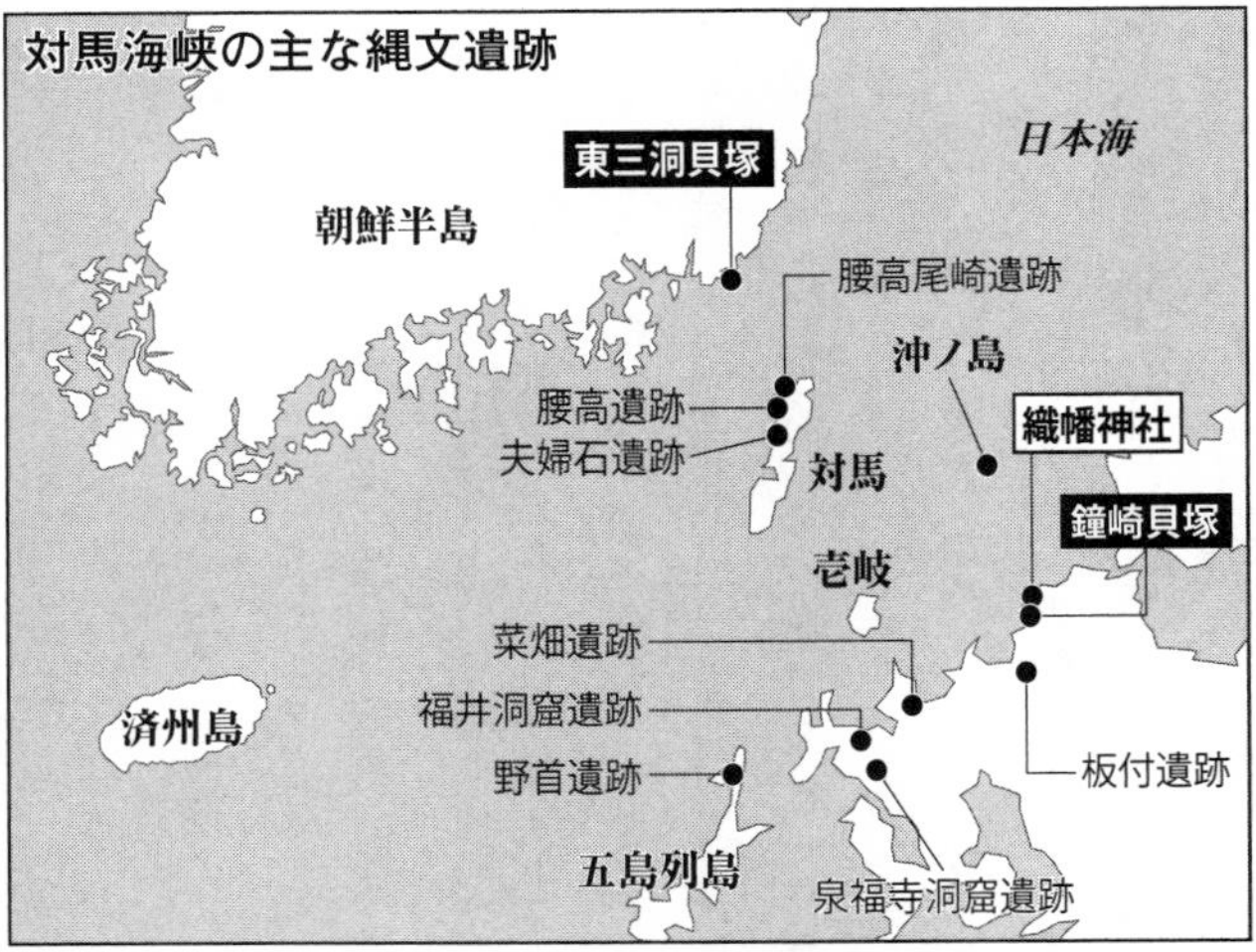

（東貴之「【資料紹介】対馬の縄文時代遺跡」などを元に作成）

神だ。織機神社を祀る鐘崎の人びとの御先祖様ももちろん、優秀な海人だっただろう。

森浩一は、朝鮮半島の東三洞貝塚から出土した縄文《じょうもん》土器は、鐘崎の海人のような縄文人によって運ばれたのだろうと指摘し、次のように述べている。

おそらく縄文人は、北九州沿岸や玄界灘の島々をたくみに利用しながら大陸の一角にわたって、考古学的な証拠をのこしている（後略）。

と言い、ちょうどその頃から、中国の古典に倭人の記録が登場すること、これまでは「倭人は弥生人（渡来人）」という常識があったが、縄文後期から晩期にかけての人びとをも、中国の人びとは「倭人」と呼び出したのだろうと、推理している（『日本の古代（1）倭人の登場』森浩一編／中公文庫）。そのとおりだと思う。また、森浩一は、紀元前一世紀（弥生時代）に後漢と往き来した倭人の「その先駆的な活躍と基礎がためは、縄文人たちが営々として築いたものであった」（前掲書）と指摘した。長年考古学の世界に生きてきた人物の発言には、重みがある。

縄文文化は本当に原始的だったのか

中国の考古学者・蔡鳳書《さいほうしょ》は縄文時代の日本列島と中国の間に格差が生まれたことを指摘している（「紀元前四〇〇〇年から紀元前二五〇〇年の中日往来」岡崎完樹訳、『縄文時代の渡来文化』浅川利一・安孫子昭二編／雄山閣）。

紀元前四〇〇〇年から同二五〇〇年の間の日中の往来にまつわる記事の中で、中国が原始の時代から発展していく様子を、五つの条件で、まず掲げた。

①中国の農耕は安定して成長していた。
②家畜の飼育も増加し発展した。

③土器製作の技法が特に発展している。
④規格性のある集落が多く見られるようになった。
⑤重要な祭祀遺跡が発見されている。

これらは日本列島の縄文前期と中期にあたること、神秘的な土偶《どぐう》が出現するなど縄文早期からいくつかの変化は見出せるが、たとえば土器の焼成温度は変わらず、改善が見られないこと、生業は狩猟や漁撈に頼っていること、大規模な遺跡も見つかっていないこと、居住遺構も竪穴住居か小屋がけしたテントのようだと、酷評している。その上で、この時期の中国大陸と日本列島の間では、「文化の内容と発展レベルで著しい格差が存在する。このことを見出すことは難しくない」と述べている。

中国が、自国の文明を誇ることは当然のことで、日本の学者も、縄文時代を原始的とみなしてきた。たしかに、極東の島国の日本列島の文化が、世界一の文明を築き上げていく中国から見れば、僻遠《へきえん》の地であり、文化と文明が低く見られるのももっともなことだ。しかし一方で、縄文人が農耕を拒み続けていた可能性も、否定できない。しかもそれは、強い意志であったと思われるのである。

倭国は中国で理想視されていた

ただし、ここで縄文人の思想を語る前に、古代中国が日本列島をどのように見ていたのかを考えてみたい。意外なことなのだが、「倭」は思いのほか優遇されていた。「倭」は理想視されていた可能性も高い。

中国の「倭」に関する最初の記事は、『漢書』地理志にある「楽浪海中に倭人あり」だが、楽浪は、紀元前一〇八年に漢の武帝《ぶてい》が朝鮮半島の衛氏朝鮮《えいしちょうせん》を滅ぼし、支配の拠点を置いた場所だ（楽浪郡。朝鮮半島北部を支配していた）。そこから海を渡った場所に倭人は住んでいて、多くの国々がある。楽浪郡まで、定期的に朝貢していると記録されている。

奴国《なこく》の須玖岡本《すくおかもと》遺跡の紀元前一世紀中頃の首長墓から、三〇面近い前漢鏡《ぜんかんきょう》が見つかっている。直径二三センチあまりの草葉文鏡《そうようもんきょう》三面は紀元前二世紀後半の漢鏡二期で、非常に大きく、中国でも王侯クラスが所有するものだ。中国の草葉文鏡でも、これだけの大きな物はわずかしかない。漢王朝が官営工房で造らせ、王侯貴族に配り、政治的儀礼的な贈与が行われたと思われる。その他の鏡は紀元前一世紀（漢鏡三期）のものだ。伊都国《いとこく》の三雲《みくも》南小路《みなみしょうじ》遺跡の共同墓地（紀元前一世紀中頃）から、五三面以上の前漢鏡が見つかっている。

漢鏡二期の大型鏡二面と、その他の鏡は後漢鏡三期にあたる。

これら、奴国や伊都国の遺跡から、小型のガラス璧《へき》が多数出土している。璧は円孔《えんこう》のある円盤で、礼器《らいき》として珍重された。玉璧《ぎょくへき》ならば、銅鏡よりも貴重だったが、ガラス璧は玉璧の代用品で、要するに、奴国と伊都国の首長は、漢王朝から見れば、「玉璧を与えるほどではない」と、みなされていたことがわかる。ただし、この時期の奴国と伊都国の副葬品の中でも、いくつかの貴重な舶来品は、楽浪郡域と朝鮮半島南部では発見されていない。このため、流通し交易によってもたらされたのではなく、漢の皇帝から下賜《かし》されたものと思われる。岡村秀典は、遠くの海の向こうからはるばる定期的に朝貢していた倭の首長が、破格の扱いを受けていた可能性が高いという（『日本の時代史（1）倭国誕生』白石太一郎編／吉川弘文館）。

前漢末期の紀元五年に、「東夷王」が朝貢してきたと『漢書』王莽伝《おうもうでん》に残されている。東夷の王が海を渡り、国珍を奉じてきたという。これが、倭人だった可能性は高い。事実、前漢文物が日本列島でいくつも見つかっているのだから、紀元前一世紀中頃からあと、日本列島と中国の間に交流があったことは間違いない。

倭と中国の交流で注目すべきは、「鉄の武器」だ。

龍文玉璧（戦国～前漢時代）
東京国立博物館蔵 出典：ColBase（https://colbase.nich.go.jp/）

紀元前一世紀（漢鏡三期）に北部九州では、倭製（国産）や朝鮮半島からもたらされた鉄の武器（剣《けん》・戈《か》・矛《ほこ》）を墓に副葬したが、奴国や伊都国の首長たちは、倭製（国産）の青銅器《せいどうき》を埋めた。階層的に上位の首長は、伝統的な威信財を重んじていて、このような差ができたと考えられている。ところが、紀元前後（漢鏡四期）になると、伊都国や末《まつ》盧《ろ》国《こく》の首長墓（東夷王と同時代人）には漢鏡や鉄刀が副葬されるようになった。

吉野ヶ里《よしのがり》遺跡（佐賀県神埼《かんざき》郡吉

野ヶ里町と神埼市）北側の三津永田《みつながた》遺跡と上志波屋《かみしわや》遺跡の墓地群から、漢鏡四期の銅鏡や鉄刀が副葬品として見つかっている。青銅武器から鉄刀に変化しており、しかもその中に、全長五〇センチの素環頭大刀《そかんとうたち》が含まれていた。漢の新しいタイプの武器を、倭人が入手していたことがわかったのだ。権威の象徴だった青銅の武器は、祭祀的な埋納品（墓ではなく聖地や霊地に埋める）となっていく。

「生口《せいこう》」は奴隷ではない？

もう一つの問題は、同時期の朝鮮半島で、素環頭大刀が見つかっていないことだ。北部九州の主だった首長たちは、朝鮮半島でも行われていた鉄武器（中広形、広形、矛、戈）ではなく、漢からもたらされた新たな武器を副葬するようになった。漢王朝が倭人を特別扱いしていた可能性が高い。

岡村秀典は「東夷《とうい》のなかでも絶域《ぜついき》にある倭の首長を臣属《しんぞく》させることは（中略）漢王朝にとって大きな政治的意義をもつものであった」（前掲書）と述べ、後漢が倭の首長を王と認め、冊封《さくほう》体制に編入していたと指摘している。

もう一つ、岡村秀典は興味深い推理を働かせている。「生口」にまつわる話だ。

『後漢書《ごかんじょ》』東夷伝《とういでん》には、五七年に倭の奴国（倭国の南界の極《なんかいのはて》）が朝貢してきたため印綬《いんじゅ》を授けたこと、一〇七年には、倭国が使者を遣わし貢献した。また、倭国王・帥升《すいしょう》等（「帥升たち＝連合体」、なのか、「帥升等」という王の名《な》なのか判然としないが、「北部九州の王たち、帥升たち」ではなかろうか）が「生口一六〇人」を献上して謁見を請うたとある。

ここにある「生口（生きた人間）」が問題となる。邪馬台国《やまたいこく》の卑弥呼《ひみこ》（倭王）も二三九年に「男女の生口一〇人」、台与《とよ》も「男女生口三〇人」を貢献している。この生口、かつては奴隷とする説が強かったが、違うのではないか、と岡村は言うのだ。

他の地域から漢にもたらされた献上品は、特産物や珍奇な動植物などで、人間が連れて来られても、曲芸師などが多く、「生口」は例外的だった。なぜ、倭人は「生きた人間」を連れていったのだろう。何も献上するものがないから、しかたなく奴隷を献上したのであり、それほど倭は、文化は遅れ、貧しかったのだと語られてきたのだ。

ところが岡村秀典は、漢人は東夷の諸民族を理想的な民族とみなしていた気配があると言う。これは孔子《こうし》の影響が大きかったようだ。『漢書』地理志に、「東夷は他の蛮夷《ばんい》と違い、天性従順であり、孔子が中国に道徳が行われていないのを悲しんで東夷に行こうとしたほどである、もっともなことである」とあり、それは日本列島のことを指していた可能性が高い。と言うのも、この文言の直後に、「楽浪海中に倭人あり」と続いているからだ。『三国志《さんごくし》』も、『論語《ろんご》』の記事を引用して、東夷の庶民の間に道義が行われていることを褒《ほ》め称《たた》えている。生口が倭から献上された時代の漢や魏《ぎ》では、儒教道徳が重んじられていたことから、岡村秀典は、生口を「孔子以来信じられてきた理想的人間を確かめる恰好《かっこう》の標本」であり、生口の貢挙《こうきょ》を中国側が促していたと言うのである。

農耕と文明の負のスパイラルと一神教

古代中国人が遠い東海の孤島の日本を理想視していたと言い出せば、それこそ夜郎自大《やろうじだい》と反論されそうだ。しかし、ここに新たな文明論が浮上してくる。

人類が農耕を選択したことで、戦争が始まったと考えられるようになってきた（『進化論の現在　農業は人類の原罪である』コリン・タッジ著　竹内久美子訳／新潮社）。農耕は余剰を生み出し、人口が増え、新たな農地と水利を求め隣人と争いが起こり、強い武器を求めて冶金が発達する。強い王が生まれ、人びとは群れ集まり、集団ごとの争いに進展する。さらに強い武器が求められ、文明が発展していった。

中国では、この「農耕と文明の負のスパイラル」が連続し、森林は切り取られ、大草原が出来《しゅったい》した。騎馬軍団がここになだれ込めば、人びとは先を争って城に逃げる。しかし、食料が尽きれば滅亡する。中国歴代王朝が蛮夷の騎馬民族にコロコロと負け続けたのは、森を失ってしまったからだ。文明の病である。

森を失った民は、一神教にすがる。砂漠の民は、豊穣《ほうじょう》の地を追い出され、政敵を呪《のろ》った。だから、『旧約聖書《きゅうやくせいしょ》』の中で神自身が、悪魔のように復讐を宣言したのだ。一神教の神は万物を生み、人間は神に似せて創《つく》ったから、人間が大自然を改造し支配できると考える。多神教徒を野蛮視し、征服の対象にする。

中国の場合、文明が発展して、殺し合いが始まり、天帝から命を受けた（天命《てんめい》）唯一絶対の皇帝が、腐敗した前王朝の世直しのために実権を握り、国土を支配する。これは一神教的な発想で、やはり、文明は戦争を呼び込み、多神教的発想は、捨てられていくのだ。

スサノヲは中国文明が招いた惨状を知っていた

ならばなぜ、日本人は、いまだに多神教的なのだろう。

スサノヲが神話の中で、大切なことを語っている。一度新羅《しらぎ》に舞い下りたあと、「ここには住みたくない」と言い日本に戻り、「韓郷《からくに》の島（朝鮮半島）には金（鉄）の宝があるが、日本には浮《う》く宝《たから》が必要だ」と言うのだ。「浮く宝」とは船を造り家を建てる木材を言っている。その上でスサノヲは、子供たちに指示して、植林事業を手がけていくのである。

スサノヲは創作された神ではなかろう。弥生時代後期の朝鮮半島に多くの人たちが群がって鉄を求めていたことは、すでに触れてある。その中に倭人も含まれていたし、成功者のひとりがスサノヲではなかったか。そして、スサノヲは朝鮮半島の様子をつぶさに見聞きして、「こんな荒れ果てた土地には、住みたくない」と日本に戻り、植林を始めたのではなかったか。海人が航海するには、まっすぐ伸びた巨木が必要不可欠だったのだ。丸木舟のための大木は、何百年という年月をかけて、成長する。そのために、植林は必要だった。海人の発想が、森を守ったのである。

スサノヲは神話の中で「大海原を支配しろ」と命じられている。朝鮮半島との間を自在に往き来していたのが、スサノヲであろう。倭の海人に注目したのは、スサノヲに代表される彼らが、「文明が発達したら、人間は森を食べ尽くし、狂う」ことを、その目で見て震え上がったのではないかと考えるからである。

いつ中国の森はなくなったのか

中国文明には、植林の発想はなかった。欲望の赴くままに必要な樹木は伐採されていったのだ。

中国では、いつ森が消えたのだろう。三五〇〇年前の黄河流域の黄土の下、殷代の地層から、炭を含んだ黒い土が見つかっている。木材が炭化していたのだ。木を切り倒し、株や根が土に埋もれたようなのだ。三五〇〇年前、この一帯には自然林が茂っていたことがわかった。

殷墟《いんきょ》から、象牙で作られた道具や、体長二・二メートルの子供の象の遺骸が、横たわった形で見つかっている。殷墟南部の祭祀坑には、象の骨が納められていた。甲骨文《こうこつもん》には、王が貴族を伴って象を狩っていたと記録されていた。太古の黄河流域には、象が住んでいたことがわかった。象は大量の草や木の芽を食べる。殷には象が暮らすための豊かな森が残されていたのだ。

森は、どこに消えてしまったのだろう。

殷の時代の青銅器には、同じ図柄の「饕餮文《とうてつもん》」が描かれていて、殷の最高神「上帝《じょうてい》」とする説がある（林巳奈夫『殷周時代青銅器紋様の研究』吉川弘文館）。しかも数々の森の動物の顔の部位を組み合わせている。そして上帝以外の図柄も、動物を描いているという。

商末～周初期の「簋（き）」。中央に見える獣様面が饕餮文様。
奈良国立博物館蔵 出典：ColBase（https://colbase.nich.go.jp/）

このことからも、殷の時代の中国には、広大な森が広がっていたことがわかる。

森林破壊の最大の原因は、鉄器の出現に求められる。鉄器生産は、紀元前十五世紀頃、西方のアナトリア（トルコ）のヒッタイト帝国でまず始まった。中国では、春秋《しゅんじゅう》戦国《せんごく》時代に製鉄が普及した。銅に比べて鉄は無尽蔵に存在するから、鉄器はあっという間に増えていった。

戦乱に明け暮れた春秋戦国時代を制した秦《しん》の始皇帝《しこうてい》は鉄を大いに利用していく。鉄の農具は耕地を広げ、人口爆発が起き、鉄の兵器で武装して、他を圧倒したのである。

鉄器の出現によって、大木が、次々と切り倒されていった。特に、秦の始皇帝《しこうてい》は、森林破壊をくり広げた。目的は、耕地の確保と鉄器を造るためだった。

「黄河」の名が文献にはじめて登場するのは漢の時代で、森が減り、表土が流出し、大地が砂漠化してしまったことを意味している。漢の時代が終わって『三国志』（魏・呉・蜀《しょく》）の世界に突入するが、英雄たちが活躍する痛快な歴史絵巻の裏に、天変地異や飢饉によって人口激減と大混乱という悲劇が隠されている。そしてもちろん、暗黒の時代を作り出したのは、森林を失った文明なのである。

さらに、『三国志』の時代、日本列島では、邪馬台国の卑弥呼が登場し、ヤマトが建国されていく。スサノヲ神話がヤマト建国の直前であり、中国や朝鮮半島の大混乱を、冷静な目で見つめたスサノヲが、「あの大混乱の原因は、森が消えたからだ」と、喝破していたのではあるまいか。

スサノヲたちは中国文明とは違う道を選択した

古代中国の為政者は、法を生み、礼を尊重させた。民のとどまることのない欲望を、抑え込もうとしたのだ。しかし漢民族は、欲望のままに暴走した。文明は発達し、文明は殺し合いのきっかけとなった。戦争はさらなる文明の高まりを促し、共存を望まない人びとは、無間地獄《むげんじごく》に陥ったのである。それを海の外から傍観していた列島人が、「われわれもあの文明の恩恵を受けたい」と、思っただろうか。

古代ヤマト政権が、怪獣のような中国文明に恐れおののき、それでいて、襲われ飲み込まれないためには、機嫌を損ねるわけにはいかなかった。ヤマトの王は中国に遣使をし、さらに、(ずる賢く)皇帝の虎の威を借りて、権威を高めていったのだろう。

ヤマト政権は、けっして中国王朝と対等になろうとしたのではないと思う。中国文明の狂気に、気づいていたからこそ、弥生時代後期に、「文明に抗っていた地域の人びとが奈良盆地に集まってゆるやかなネットワークを形成した」のであり、この伝統は(大袈裟に言ってしまえば)現代にまで通じているのではないかと思えてくるのだ。

神話時代に萌芽していた共存へのヒント

これからも、日本人は多神教徒であり続けると思う。その理由を、一つの仮説が説明してくれているように思う。それが、角田忠信の「日本語人の脳」という仮説だ(『日本語人の脳』言叢社)。

日本人は虫の声や動物の鳴き声、風や水の流れる音などを、世界の人とは違って「言語を司る左脳」で聞き取っているのだが、その原因を探っていくと、幼少時から日本語を語り、母国語にしたからではないか、と言うのである。これは、実験によっても検証されていて、日本人の伝統的な心情の特徴は、①情緒性、②自然性、③非論理性に求められるとする。この心情こそ、日本人の多神教的な発想に結びついているのではあるまいか。大量の渡来人も、二世三世は日本語で育ち、日本人的になっていったわけだ。だからこそ、日本人は白黒はっきりとした一神教的な思考に、馴染《なじ》めないのだろう。

また、日本語の起源はまだよくわかっていないこと、世界から孤立した言語なのだが、すでに縄文時代には原形が出来上がっていたと考えられていて、日本人の三つ子の魂が、日本語と国土の大部分を占める大森林によって守られてきたのではないかと思いいたるのである。

ここに、なぜ日本と中国は、相容れないのか、一つの答えは見出せたのではなかろうか。中国は文明の国、日本は反文明の国なのである。

また、朝鮮半島諸国は、中国や騎馬民族の脅威に晒《さら》され続け、事大主義的発想を抱きがちだった上に、日本を中国文明の「下流に住む弟」とみなす。どんなに現状が変わろうとも、これが根底にあり続けるのが朝鮮半島人だ。そのことに気づかないまま、お互いに理解できないでいる。

もちろん、縄文人は稲作を拒みながら、背に腹はかえられないと、徐々に稲作を受け入れていった。当然弥生時代後期に戦乱が起き、中国の歴史書に「倭国大乱」と記録されたが、三世紀初頭に纏向《まきむく》に人びとが集まり、奇跡的な形で混乱を収拾してみせたのだ。中国のように、敵を圧倒し、殲滅《せんめつ》し、共存を拒むという文化は根付かなかった。

中国は、一神教的で中国的な「正義の皇帝」に支配され、日本は、「なるべく強くならないように工夫した王（天皇）」を推戴したのだ。この差は大きい。

多神教世界の住人である日本人にとって、中国はじつに厄介な存在なのだが、逃げるわけにはいかない。だから、お互いの差を知った上で、どうすれば共存できるのか、模索する必要があるだろう。相容れないからこそ、友になる道を開かなければならない。

参考文献

『古事記祝詞』日本古典文学大系（岩波書店）
『日本書紀』日本古典文学大系（岩波書店）
『風土記』日本古典文学大系（岩波書店）
『萬葉集』日本古典文学大系（岩波書店）
『続日本紀』新日本古典文学大系（岩波書店）
『日本書紀（一）・（二）・（三）』新編日本古典文学全集（小学館）
『古事記』新編日本古典文学全集（小学館）
『魏志倭人伝・後漢書倭伝・宋書倭国伝・隋書倭国伝』石原道博編訳（岩波文庫）
『旧唐書倭国日本伝・宋史日本伝・元史日本伝』石原道博編訳（岩波書店）
『三国史記倭人伝』佐伯有清編訳（岩波文庫）
『先代旧事本紀：註訓』大野七三編著（新人物往来社）
『日本の神々』谷川健一編（白水社）
『神道大系　神社編』神道大系編纂会編（神道大系編纂会）

『古語拾遺』斎部広成撰・西宮一民校注（岩波文庫）
『藤氏家伝　鎌足・貞慧・武智麻呂伝　注釈と研究』沖森卓也・佐藤信・矢嶋泉（吉川弘文館）
『黄禍論と日本人』飯倉章（中公新書）
『近代日本思想大系（7）岡倉天心集』梅原猛編（筑摩書房）
『現代日本思想大系（9）アジア主義』竹内好編（筑摩書房）
『現代日本思想大系（32）反近代の思想』福田恆存編（筑摩書房）
『孫文革命文集』深町英夫編訳（岩波文庫）
『中国の異民族支配』横山宏章（集英社新書）
『世界の歴史（2）中華文明の誕生』尾形勇・平勢隆郎（中央公論社）
『縄文時代の渡来文化』浅川利一・安孫子昭二編（雄山閣）
『中華思想の嘘と罠』黄文雄（PHP研究所）
『日本の時代史（1）倭国誕生』白石太一郎編（吉川弘文館）
『桑原隲蔵全集 第2巻　東洋文明史論叢』桑原隲蔵（岩波書店）
『ちくまライブラリー73　世界史の誕生』岡田英弘（筑摩書房）
『「馬」の文化と「船」の文化』福永光司（人文書院）

『日本の古代（1）倭人の登場』森浩一編（中公文庫）
『古代中国と倭族』鳥越憲三郎（中公新書）
『新釈漢文大系（41）史記（四）八書』吉田賢抗（明治書院）
『国際ニュース事典　外国新聞に見る日本②　1874-1895　本編』国際ニュース事典出版委員会編（毎日コミュニケーションズ）
『国際ニュース事典　外国新聞に見る日本④　1906-1915　本編（上）』国際ニュース事典出版委員会編（毎日コミュニケーションズ）
『漱石文明論集』夏目漱石　三好行雄編（岩波書店）
『世界史リブレット95　中国王朝の起源を探る』竹内康浩（山川出版社）
『中国の歴史1　神話から歴史へ　神話時代　夏王朝』宮本一夫（講談社学術文庫）
『中華帝国のジレンマ　礼的思想と法的秩序』冨谷至（筑摩選書）
『文明に抗した弥生の人びと』寺前直人（吉川弘文館）
『考古学による日本歴史9』白石太一郎ほか編（雄山閣出版）
『反日と反中』横山宏章（集英社新書）
『世界の歴史（6）隋唐帝国と古代朝鮮』礪波護・武田幸男著（中央公論社）

『国際交易の古代列島』田中史生（角川選書）
『古代対外関係の研究』鈴木靖民（吉川弘文館）
『坂本太郎博士頌寿記念　日本史学論集（上）』國學院大學文学部史学科編（吉川弘文館）
『海に生きる人びと』宮本常一（河出文庫）
『越境の古代史』田中史生（ちくま新書）
『倭国』岡田英弘（中公新書）
『日本の社会史　第6巻　社会的諸集団』朝尾直弘ほか編（岩波書店）
『倭人のクニから日本へ』鈴木靖民編（学生社）
『日本の歴史03　大王から天皇へ』熊谷公男（講談社学術文庫）
『聖徳太子』坂本太郎（吉川弘文館）
『日本の歴史③　古代王権の展開』吉村武彦（集英社）
『大系日本の歴史3　古代国家の歩み』吉田孝（小学館ライブラリー）
『岩波講座　日本歴史　第2巻　古代2』大津透ほか編（岩波書店）
『飛鳥の朝廷』井上光貞（講談社学術文庫）
『ゼミナール日本古代史　上』上田正昭ほか編（光文社）

参考文献

『古代日中関係史』河上麻由子（中公新書）
『遣唐使船　東アジアのなかで』東野治之（朝日選書）
『進化論の現在　農業は人類の原罪である』コリン・タッジ著　竹内久美子訳（新潮社）
『殷周時代青銅器紋様の研究』林巳奈夫（吉川弘文館）
『日本語人の脳』角田忠信（言叢社）
『古代中国の思想』戸川芳朗（岩波現代文庫）

PHP新書

PHP INTERFACE
https://www.php.co.jp/

関 裕二［せき・ゆうじ］

1959年、千葉県柏市生まれ。歴史作家。武蔵野学院大学日本総合研究所スペシャルアカデミックフェロー。仏教美術に魅せられて足繁く奈良に通い、日本古代史を研究。文献史学・考古学・民俗学など、学問の枠にとらわれない広い視野から日本古代史、そして日本史全般にわたる研究・執筆活動に取り組む。近著に『「縄文」の新常識を知れば日本の謎が解ける』(PHP文庫)、『縄文文明と中国文明』『海洋の日本古代史』『女系で読み解く天皇の古代史』(以上、PHP新書)など多数。

PHP新書 1357

日本、中国、朝鮮 古代史の謎を解く

二〇二三年六月二十九日 第一版第一刷

著者――関 裕二
発行者――永田貴之
発行所――株式会社PHP研究所
東京本部――〒135-8137 江東区豊洲5-6-52
ビジネス・教養出版部 ☎03-3520-9615(編集)
普及部 ☎03-3520-9630(販売)
京都本部――〒601-8411 京都市南区西九条北ノ内町11
組版――宇梶勇気
装幀者――芦澤泰偉＋明石すみれ
印刷所
製本所――図書印刷株式会社

ISBN978-4-569-85490-8

ＰＨＰ新書刊行にあたって

「繁栄を通じて平和と幸福を」(PEACE and HAPPINESS through PROSPERITY)の願いのもと、ＰＨＰ研究所が創設されて今年で五十周年を迎えます。その歩みは、日本人が先の戦争を乗り越え、並々ならぬ努力を続けて、今日の繁栄を築き上げてきた軌跡に重なります。

しかし、平和で豊かな生活を手にした現在、多くの日本人は、自分が何のために生きているのか、どのように生きていきたいのかを、見失いつつあるように思われます。そして、その間にも、日本国内や世界のみならず地球規模での大きな変化が日々生起し、解決すべき問題となって私たちのもとに押し寄せてきます。

このような時代に人生の確かな価値を見出し、生きる喜びに満ちあふれた社会を実現するために、いま何が求められているのでしょうか。それは、先達が培ってきた知恵を紡ぎ直すこと、その上で自分たち一人一人がおかれた現実と進むべき未来について丹念に考えていくこと以外にはありません。

その営みは、単なる知識に終わらない深い思索へ、そしてよく生きるための哲学への旅でもあります。弊所が創設五十周年を迎えましたのを機に、ＰＨＰ新書を創刊し、この新たな旅を読者と共に歩んでいきたいと思っています。多くの読者の共感と支援を心よりお願いいたします。

一九九六年十月

ＰＨＰ研究所